KB202102

주님을 따른다

Originally published in English under the title

Lead Like Christ

by A. W. Tozer

Copyright ⓒ 2021 by James L. Snyder
Published by Bethany House Publishers
a division of Baker Publishing Group,
Grand Rapids, Michigan 49516, U.S.A.
All rights reserved.

This Korean Translation Copyright © 2024 by Kyujang Publishing Company

A. W. 토저 마이티 시리즈(A. W. TOZER Mighty Series)

토저는 교인수의 성장을 위해서라면 대중의 인기에 야합하고, 거대 기업의 경영방식을 무차별 차용하고, 할리우드 엔터테인먼트 방식을 예배에 도입하는 것에 대해 통렬한 비판을 가하였다. 그는 현대의 교회가 물량적 성장을 위해서라면 교회의 순결성을 포기하는 듯한 자세를 보일 때는 그것을 좌시하지 않고 언제나 선지자의 음성을 발하였다. 듣든지 안 듣든지 이스라엘 교회의 세속화를 준열히 책망했던 예레미야처럼, 토저도 시대에 아부하지 않고 하나님교회의 순정성(純正性)을 파수하기 위해 '강력한'(Mighty) 말씀을 선포했다. 그래서 토저는 '이 시대의 선지자'라는 평판을 들었다. 토저가 신앙의 개혁을 위해 외쳤던 뜨겁고 강력한 메시지를 이 시대의 우리도 들어야 한다. 말씀과 성령에 의한 개혁이 절실히 필요한 이때, 규장에서 토저의 강력한(Mighty) 메시지들을 'A. W. 토저 마이티(Mighty) 시리즈'로 출간한다.

"토저의 설교는 설교단에서 발사되어 청중의 마음을 관통하는 레이저 광선과 같다." – 워런 위어스비

A . W . T O Z E R

LEAD LIKE CHRIST

주님을
따른다

A.W. 토저

MIGHTY SERIES 36

규장

그리스도를 닮은 자들로
발견되라

토저의 책을 읽는 것은 꽤 큰 도전이 될 수 있다. 토저는 평생
의 사역 동안 세상의 즐거움만을 추구하는 연약한 그리스도
인들에게 초점을 맞추어 일하지 않았다. 그가 초점을 맞춘 청
중은 하나님의 깊은 일들을 향한 끝없는 굶주림과 목마름을
가진 사람들이었다. 그가 이 책에서 "담대함이 있는 그리스도
인들만이 천국에 들어가게 될 것이다"라는 취지로 말한 것이
이를 잘 보여준다. 물론 이는 "우리의 기독교는 예수 그리스도
의 본질에 어긋나는 모든 것에 맞서 싸우는 기독교가 되어야
한다"라는 뜻으로 한 말이다.

부름 받은 사람들을 준비시키시는 하나님

우리가 그리스도의 종이 되려면 모든 면에서 그리스도를 닮아야 한다. 내가 좋아하는 토저의 말을 하나 인용하자면, "하나님은 '준비된 사람들'을 부르시지 않는다. 오히려 그분의 지혜는 '부름 받은 사람들'을 준비시키신다"라는 것이다. 내가 볼 때, 이 말은 이 책 전체의 밑바탕에 깔려 있는 메시지다.

평생의 사역에 걸쳐 토저는 사람들이 듣기 싫어하는 소리를 하는 것을 주저하지 않았다. 물론 그는 불필요하게 그런 소리를 한 것도 아니었고, 야비한 마음으로 그런 말을 한 것도 아니었다. 오히려 정반대였다! 그는 미성숙하고 육신적인 그리스도인들이 그의 글과 교훈의 어떤 점들을 받아들이지 않을 것이라고 생각했다. 토저의 예상대로 그의 가르침은 그들의 기분을 상하게 했다. 그들이 나아가고자 하는 영적 방향과 토저의 가르침이 서로 맞지 않았기 때문이다.

참 예수를 따르라

이 책은 디도서에 대한 설교를 바탕으로 만들어졌다. 이 책들에서 토저는 디도서에 담긴 바울의 교훈을 통해 그리스도를 올바로 섬기기 원하는 사람들을 안내해주고자 한다. 그는 영적 리더들이 자신감을 갖도록 감동을 불어넣어 주기보다는 우리가 교회에 반드시 필요한 리더가 되도록, 즉 무릎 꿇고 온전히 복종하는 리더가 되도록 훈련시킨다.

바른 교리는 반드시 필요한 것이다. 만일 그렇지 않다면 토저가 CEO(chief executive officer, 최고경영자)들에게 편지를 썼겠지만, 그는 그렇게 하지 않고 오히려 CTO(chief theological officer, 최고신학책임자)와 비슷한 사람들에게 편지를 썼다. 교리가 그토록 중요하기 때문에 토저는 바울이 디도에게 가르쳤던 신학적 주제들을 다루는 데 시간을 할애했다. 토저는 많은 영적 지도자들이 신학적 문제들에 더 많은 관심을 쏟아야 한다고 생각했다.

토저는 우리가 그리스도처럼 리더십을 발휘해야 한다고 강조한다. 그렇게 하려면 성경의 교리를 철저히 알아야 한다. 사람들이 특정 주제들에 너무 몰입하다보니 교회가 그런 주제들에 대한 견해 차이 때문에 분열되는 일도 너무 자주 일어난다.

토저가 우리에게 던지는 도전은 참 예수(신약성경의 예수)를 따르라는 것이고, 그분이 그분의 시대에 받았던 대우와 동일한 대우를 받을 각오를 하라는 것이다.

　토저의 다른 책들과 마찬가지로 이 책도 앉은 자리에서 읽어버릴 수 있는 책이 아니다. 그가 이 책의 한 페이지, 한 페이지에서 나누는 진리들을 소화하려면 시간이 필요하다. 내가 볼 때 이 책은, 영적 리더가 되는 것이 무엇을 의미하는지를 새로운 관점에서 볼 수 있게 해준다. 나 역시, 이 책을 통해 그런 관점에 이르게 되었으니 말이다.

제임스 L. 스나이더

PART 03 / 끝까지 그리스도를 좇으라

나가는 글

LEAD LIKE CHRIST

PART 01

진리이신
그리스도를 따르라

chapter 01

어디에 기초를
세울 것인가

내가 그리스도와 그 부활의 권능과 그 고난에 참여함을 알고자 하여 그

의 죽으심을 본받아 어떻게 해서든지 죽은 자 가운데서 부활에 이르려

하노니 빌 3:10,11

많은 이들이 이른바 '사역'이라는 것에 관심을 갖는다. 하
지만 영적 사역이 무엇을 위한 것인지 성경적 관점에서 정확하
게 이해하지 못하는 사람들이 많다는 것을 생각하면 내 마음
이 슬퍼진다. 우리는 그리스도께 받은 사명을 이루겠다면서
도, 어떤 이유 때문인지 세상의 비즈니스 방법들을 교회 안으
로 끌어들였다.

복음서들을 읽어 보면, 그리스도께서 그분의 사역을 이루기
위해 어떤 고난을 당하셨는지 알게 된다. 그분은 주위 사람들
을 상대로 사역하시기 위해 세상을, 심지어 종교까지도 완전

히 거부하셨다.

나는 교육을 반대하지는 않지만, 오늘날 사람들이 교육을 '너무 많이' 받는다고 느낀다. 그들의 교육은 과잉 상태이지만, 영적 분야에서 제대로 일할 수 있는 능력은 오히려 떨어진다는 말이다. 그들은 테크닉들과 방법들을 맹신하고 있다.

만일 세상의 교육이 기독교 사역에 절대적으로 필요하다면, 나 같은 사람은 기독교 사역에서 배제될 것이다. 나는 제8학년의 첫날에 학교에 갔다가 집에 돌아와서는 "제가 선생님보다 더 일을 잘할 수 있어요"라고 어머니에게 말했다. 나는 다시 학교로 돌아가지 않았고, 그 대신 대부분의 시간을 도서관에서 책을 읽으며 보냈다. 내가 약간 교만했다고 말할 수도 있겠지만, 결국에는 그런 교만까지도 극복해냈다.

교육은 물론 중요하다. 그런데 문제는 그것이 어디에서 오는가, 또 우리가 그것을 어떻게 사용하는가 하는 것이다.

내 친구 중 한 사람은 입버릇처럼 이렇게 말하곤 했다.

"최대한 교육을 많이 받고, 최대한 학위를 많이 받아라. 교육 받기와 학위 받기가 다 끝나면 그것들을 제단에 올려놓고 하나님께 맡겨드려라. 하나님이 그것을 사용하신다면, 정말 좋은 일이다. 만일 그분이 당신의 교육을 사용하지 않으신다면, 그것도 그분의 선택이다!"

그리스도: 사역의 열쇠

이 책은 테크닉이나 방법들을 가르쳐주지 않는다. 즉, '성공적 사역을 위한 10가지 열쇠' 같은 제목을 붙일 수 있는 책이 아니다. 이런 제목이 붙은 책은 세상적인 생각을 갖고 있는 사람이 성공적인 사역을 추구할 때에나 도움이 될 것이다.

아브라함이 이삭을 제단 위에 올려놓았을 때, 그것은 그가 하나님과의 관계 속에서 행했던 일들 중 가장 끔찍한 행동 같았다. 그때까지 그가 그토록 수고하며 살았던 것은 다 이삭을 위한 것이었다. 그런데 이제 하나님은 아브라함이 그의 아들을 제단 위에 올려놓기를 원하셨다. 그렇지만 그가 주저하지 않고 그분의 말씀대로 행하였을 때, 그분은 그의 상상을 초월하는 방법으로 이삭을 그에게 돌려주셨다.

우리가 우리의 교육과 경험과 희망사항을 제단에 올려놓고, 우리의 사역을 주저 없이 그분께 맡겨드리며, 심지어 그 사역에서 깨끗이 손을 떼겠다는 마음까지 갖는다면, 그분은 우리에게 주기 원하시는 것을 결국 주시기 위해 그분의 능력을 사용하실 것이다.

하나님은 '준비된 사람들'을 부르지 않으신다. 오히려 사람들을 불러서 준비시키시는 것이 그분의 지혜다. 그분이 그렇게 하시기 때문에 그분의 능력과 권세가 그분의 종의 삶 속으로 흘러들어오는 것이다. 그분이 그분의 종을 준비시키시는 것은 하늘에서 흘러내려오는 '기이한 일'이다. 이 땅의 그 무엇도 그것을 막을 수 없다.

성경이 말하는 사역은 세상의 비즈니스와 완전히 다르다. 그렇기에 세상의 비즈니스 테크닉들을 사용해서는 영적 지도자들의 목표를 달성할 수 없다. 세상의 방법들을 사용하는 것은 성령의 일하심을 옆으로 제쳐놓는 것이다. 그러나 우리의 영적 지도자들을 이끌어가시고 그들에게 힘을 불어넣으시는 분은 성령이시다. 다른 무엇이 아니다. 그러므로 성령을 근심하시게 하는 것은 그리스도의 참된 사역을 위험에 빠뜨리는 것이다.

하나님은 일하실 때 언제나 세상을 옆으로 제쳐놓으시는데, 그렇게 되면 그리스도께서 중심이 되신다. 세상은 그리스도를 높여드릴 수 없고, 오직 참된 교회만이 그렇게 할 수 있다.

교회의 규모가 내가 지금 말하고 있는 문제와 어떤 관계가 있는지 확실히 알 수는 없지만, 내가 이제까지 본 것은 교회가 커질수록 세상과 비즈니스의 방법들에 더욱 의존한다는 것이다.

우리가 그리스도처럼 리더십을 발휘하려고 한다면, 그분의 리더십을 우리의 모범으로 삼아야 하며, 그리스도께서 그분 시대의 문제들을 어떻게 다루셨는지를 잘 살펴야 한다. 그 당시 그분을 대적하는 주요 세력은 종교였다. 당시의 종교인들과 종교지도자들은 그분과 어떤 관계도 맺지 않으려고 했다. 그들이 보기에, 그분은 오히려 그들의 종교성과 생활방식을 위협하는 존재였다.

예수님 시대의 정부도 그분을 대적했는데, 바리새인들은 그분이 종교와 로마 중에서 어느 한 편에 서시도록 만들려고 했다. 그러자 그분은 "가이사의 것은 가이사에게, 하나님의 것은 하나님께 바치라"(막 12:17)라고 말씀하셨다. 그때 그들은 그분의 말씀을 듣고 매우 놀랐다.

예수님이 물 위를 걸으신 사건은 '예수님이 세상의 상황에 따라 어떤 일을 행하실 것인지 아니면 행하지 않으실 것인지를 결정하시는 것은 아니다'라는 메시지를 던져주는 좋은 예다. 베드로가 물 위를 걷다가 어떻게 되었는지 기억하는가? 그가 물속에 빠진 것은 주변의 상황에 압도되었기 때문이다.

나는 이 책에서 그리스도의 종 된 우리가 오늘날의 상황에서 어떻게 그리스도와 같은 리더십을 발휘할 수 있는가에 초점을 맞췄다. 이에 대해 디도서를 중심으로 이야기를 풀어나가려 한다. 디도서에는 디도가 모범적인 종이 되어 그리스도처럼 리더십을 발휘할 수 있도록 사도 바울이 어떻게 멘토링했는지 기록되어 있기 때문이다.

진짜 그리스도를 만났는가

이야기를 계속 해나가기 전에, 우리의 모든 탐구의 기초가 무엇인지를 우선 생각해보아야 한다. 즉, 우리의 영적 리더십을 어떤 기초 위에 세워야 하는가?

앞에서도 언급한 바 있는 '교육'인가? 아니면 '경험'인가? 혹은 '세상의 방법들'을 받아들이는 것인가?

그렇지 않다! 이런 것들 중 어느 것도 그 기초가 아니다. 그렇다면, 우리는 우리의 사역을 어떤 기초 위에 올려놓아야 하는가? 이 질문과 관련하여, 우선 나는 모든 거듭 난 그리스도인들이 사역에 참여하고 있다는 것을 지적하고 싶다. 물론 우리가 우리의 형제들이나 자매들과 똑같은 일을 하라고 부름받은 것은 아니지만, 우리 모두는 예수 그리스도의 사역에 참여하고 있다.

그리스도처럼 사람들을 이끌어주기 위해서 우리가 제일 먼저 해야 할 일은 그분을 아는 것이다. 그분을 아는 것이 영적 리더십의 본질적인 요소다.

만일 내가 주일 아침에 교회에서 사람들에게 다가가 "예수님을 아십니까?"라고 묻는다면, 거의 모든 이들이 "그렇습니다"라고 대답할 것이다. 모든 이들은 예수님이 누구이신지를 안다. 문제는 어떤 의미에서 그분을 아는가 하는 것이다.

어떤 사람에 대해서 안다는 것과 그 사람을 깊이 체험한다는 것은 다르다. 사도 바울은 "또한 모든 것을 해로 여김은 내 주 그리스도 예수를 아는 지식이 가장 고상하기 때문이라 내가 그를 위하여 모든 것을 잃어버리고 배설물로 여김은 그리스도를 얻고 그 안에서 발견되려 함이니"(빌 3:8,9)라고 했다.

아무 대가도 치르지 않고 쉽게 그리스도를 인격적으로 알 수 있는 것은 아니다. 다시 말하지만, 그분에 대해서 아는 것과 그분을 인격적으로 아는 것은 전혀 다르다. 이 둘 사이의 차이를 극명하게 보여준 경우가 '그리스도를 따르는 자'가 되기 이전의 바울이다.

바리새인으로서 바울은 메시아에 대해 알아야 할 모든 것을 구약을 통해 알고 있었다. 그러나 사울(바울의 이전 이름)은 다메섹으로 가는 길에서야 비로소 진짜 그리스도를 만났다. 즉, 교회를 더욱 핍박하기 위해 애쓰던 중 그분을 만났다!

사울이 주의 제자들에 대하여 여전히 위협과 살기가 등등하여 대제사장에게 가서 다메섹 여러 회당에 가져갈 공문을 청하니 이는 만일 그 도를 따르는 사람을 만나면 남녀를 막론하고 결박하여 예루살렘으로 잡아오려 함이라 사울이 길을 가다가 다메섹에 가까이 이르더니 홀연히 하늘로부터 빛이 그를 둘러 비추는지라 땅에 엎드러져 들으매 소리가 있어 이르시되 사울아 사울아 네가 어찌하여 나를 박해하느냐 하시거늘 행 9:1-4

바로 이런 그리스도와의 만남을 통해, 사울이 오늘날 우리가 알고 있는 바울로 변한 것이다.

다메섹 도상에서의 이런 변화의 만남 후에 바울은 광야로 들어가 약 3년간 머물렀다. 내가 볼 때, 그 기간 동안 그는 예수 그리스도가 진정으로 누구이신지 이해하기 위해 종교의 옷을 벗어버렸을 것이다.

모세는 40년을 광야에서 보내며 애굽의 때를 말끔히 닦아

내야 했다. 그래야 하나님께서 그분의 백성을 약속의 땅으로 이끌어들이시는 일에 그분의 도구로 사용될 수 있었기 때문이다.

이런 변화를 겪은 구약의 인물로 야곱을 꼽을 수 있다.

"야곱이 잠이 깨어 이르되 여호와께서 과연 여기 계시거늘 내가 알지 못하였도다"(창 28:16).

여호와께서는 언제나 야곱과 함께 계셨지만 그는 알지 못했다. 그러다 그분을 만났을 때, 그의 인생은 바뀌었다.

사도 바울의 경우도 마찬가지였다. 광야에서 돌아다니는 동안 그가 그리스도를 체험하여 완전히 변했기 때문에 하나님은 그를 사용하셨고, 그는 그리스도 같은 리더십을 발휘하여 그리스도의 교회를 세우게 되었다. 그렇게 해서 세워진 교회가 현재 우리의 교회다.

내 영적 사역의 기초는 그리스도를 인격적으로 만남으로써 변화된 내 삶이다. 내 삶이 변하기 위해서는 세상의 때를 말끔히 씻어버리고 성령으로 충만해져야 했다.

그리스도와 같은 리더십을 발휘하기 위해서는 세상의 원리들과 전혀 상관없는 '부활의 능력'으로 일해야 한다. '부활의 능력'으로 일하기 위한 첫걸음은 예수 그리스도를 만나 변화되는 것이다. 이것은 아무리 강조해도 지나치지 않다. 그분을 섬기겠다는 열정과 갈망은 대학이나 신학교를 통해 얻어지는 것이 아니라, 그분과의 만남을 통한 변화의 체험에서 흘러나오는 것이다.

나는 찰스 스펄전을 좋아하는데, 그가 세운 목회자 대학(The Pastors' College: C. H. 스펄전이 1856년에 세운 대학으로 1923년 스펄전 대학으로 개명되었다)의 입학 조건도 내 마음에 든다. 그 학교는 지원하려는 사람이 하나님께 부름 받았음을 증명할 때까지 입학을 불허했다고 한다. 스펄전의 생각은 그분의 부르심을 확인하기 위해 대학에 다녀서는 안 되고, 섬김을 위해 그분의 부르심을 받았기 때문에 대학에 다니라는 것이었다.

그러나 오늘날에는 스펄전과 같은 생각을 찾아볼 수 없다. 그러다 보니, 우리의 교회들은 그리스도의 인도를 받는 리더십이 사라짐으로 인해 더욱 나빠지고 있다.

내 목적은 당신이 그리스도 안에서 당신의 사명을 발견하도록 감동을 주는 것이다. 그렇게 된다면, 당신은 삶 속에 임하시는 성령의 능력과 기름부음을 받을 수 있을 것이다. 당신이 그리스도의 영적 기초 위에서 사역하게 되면, 그 사역을 전혀 다른 관점에서 보게 될 것이다. 그리스도께서 보시는 눈으로 그것을 보게 되고, 그분이 보시는 눈으로 사람들을 보게 될 것이다.

> **❝** 오, 아버지! 당신을 찬양합니다. 이는 여기 이 땅에서 당신의 사역에 동참하도록 허락하시는 사랑을 우리 모두에게 베푸셨기 때문입니다. 당신의 사역 방법에 복종함으로써 당신을 높여드리도록, 오늘 저를 도우소서. 이것을 예수님의 이름으로 구합니다. **❞**

chapter 02

우리가 본받아야 할
모범

같은 믿음을 따라 나의 참 아들 된 디도에게 편지하노니 하나님 아버
지와 그리스도 예수 우리 구주로부터 은혜와 평강이 네게 있을지어다

딛 1:4

앞에서 언급했듯이, 이 책은 디도에게 보낸 바울의 편지를
기반으로 했다. 그러므로 그리스도의 인도를 받는 종은 어떤
사람이 되어야 하는지를 보여주려면, 바울이 모범으로 내세운
디도라는 사람을 간략하게 소개해야 할 것 같다.

시인 알렉산더 포프(Alexander Pope, 1688~1744. 영국의 고
전파 시인)는 "인류를 제대로 연구하려면 인간을 연구해야 한
다"라고 말했다.** 맞는 말이다. 사람들은 '사상'(思想)보다는
'사람'에게 더 많은 관심을 갖기 때문이다. 내 경우를 보아도,
사람들로 하여금 사상에 흥미를 느끼게 만드는 것은 힘들지

만 사람들에 대해 흥미를 갖게 만드는 것은 힘들지 않다. 만일 당신이 어떤 훌륭한 사상의 화신을 만나게 된다면, 당신은 보석을 발견한 것이다. 정말로 보물을 찾은 것이다! 그런 보석 같은 사람이 바로 바울과 디도다! 바울이라는 사람은 그가 전한 교리들의 화신이었다. 그리고 어떤 의미에서 바울의 영적 아들이라고 할 수 있는 디도 역시 신약의 중요 교리들의 화신이었다.

그리스도의 인도를 받는 종이 되려면

나는 여기서 디도라는 사람에 대해 몇 가지 언급하지 않을 수 없다. 우리가 그리스도의 인도를 받는 종이 된다는 것이 무엇을 의미하는지 알려면, 그에 대한 그 몇 가지를 알아야 하기 때문이다.

1. 헬라인 디도

우선, 디도라는 '사람'을 살펴보자. 유대인이 아니었던 디도는 할례 받지 않은 헬라인으로, 로마식 이름을 가지고 있었다. 여러 면에서 그는 큰 사람이었는데, 체격이 컸다기보다는 영향력이 큰 사람이었다.

그는 소아시아에 있는 안디옥 태생인데, 거기에는 건강한 교회가 있었다. 사도행전 11장을 보고 판단하건데, 그 안디옥 교회는 바울에 의해 세워진 것이 아니었다. 그럼에도 불구하고 바울은 그 교회를 종종 방문해서 설교하였다.

그 당시, 스데반의 순교 이후에 일어난 박해로 말미암아 그리스도인들이 여러 곳에 흩어져 있었는데, 안디옥도 그런 곳들 중 하나였다. 안디옥 교회는 다양한 지역들로 선교사들을 파송하였다. 그러니까 선교 지향적이고 건강한 교회가 안디옥에 있었고, 디도가 그런 도시에서 태어나는 행운을 얻은 것은 하나님께 받은 복이었다.

내가 볼 때, 디도는 젊었을 때 모종(某種)의 신을 믿었던 것 같다. 몇 년 전부터 로마인들이 그 도시로 들어와 신들에 대한 그들의 사상을 퍼뜨렸는데, 헬라의 주신(主神) 제우스와 그것의 로마 판(版)이라고 할 수 있는 주피터도 있었다. 그 외에도 다른 많은 신들이 있었고, 디도는 틀림없이 종교심이 깊은 사람이었을 것이다. 하지만 그의 삶을 변화시킨 것은 그가 듣게 된 그리스도의 메시지였다. 그리고 아마도 그는 재능과 능력이 많았던 사람 같다.

2. 그리스도인 디도

그 다음에 우리의 눈에 보이는 것은 '그리스도인 디도'다. 디도가 바울이라는, 저 불같이 뜨거운 사도와 접촉하게 된 것은 그가 영원히 감사해야 할 일이었다. 사실, 그리스도의 온 교회는 이 두 믿음의 거인이 만났다는 사실에 대해 영원히 감사해야 한다. 로마식 이름을 가진 헬라 혈통의 이교도 디도, 그리고 회심하여 예수 그리스도께 돌아온 히브리 혈통의 바울. 이 두 사람이 만났을 때 디도는 즉시 회심했다. 그의 회심은 확실하고 혁명적인 것이었다.

3. 사도의 조력자 디도

그렇다면 이제 '사도의 조력자 디도'를 살펴보자. 사람들이 바울을 만족시키는 것은 쉽지 않았다. 그와 함께 일하는 것도 쉽지 않았을 것이다. 그가 무례하거나 성질이 고약하기 때문은 아니었다. 그는 그런 사람이 아니었고, 그렇게 행동하지도 않았다. 오히려 그는 거룩한 사람이었다. 그는 모든 이들이 자기만큼 헌신적이기를 바랐을 뿐이다. 모든 이들이 세상을 버리고, 다리를 건넌 후 다리를 불살라버리고, 옛 삶을 멸하고, 새 생명 안에서 살기를 원했다. 그들이 그렇지 못했을 경우, 그는 틀림없이 실망했을 것이다.

　이렇게 바울은 쉽게 만족하는 사람이 아니었지만, 그럼에도 불구하고 디도를 완전히 신뢰하여 그를 자신의 대리인으로 보냈다. 자기가 어떤 곳으로 갈 수 없을 때에는 디도를 대신 보냈고, 자기가 어떤 곳에 계속 머물 수 없을 때에는 디도를 그곳에 남겨두었다. 이 두 사람의 관계는 그리스도 안에서의 연합이 무엇인지를 보여주는 아름다운 모범이었다.

　과거, 긴 옷을 입고 길모퉁이에 서서 길게 기도하던 옛날의 바리새인 바울은 자기의(自己義)에 빠져 콧대를 높이 세웠을 것이다. 마치 남들을 무시하는 괴짜 늙은이처럼 말이다. 그러나 하나님은 그런 바울을 다메섹 도상에서 만나주셨고, 그를 성령으로 충만케 하여 완전히 변화시키셨으며, 그의 시력을 회복시켜주셨다. 그리고 결국 젊은 이방인 디도와 형제 사랑의 관계를 맺게 해주셨다. 회심하기 이전의 바리새인 바울 같았으면, 디도라는 이방인과는 악수도 하지 않았을 것이다. 그러나 이제 그는 디도를 '내 아들'이라고 부르며 중책을 맡기고 사랑해주었다. 이것은 하나님의 은혜가 사람들을 어떻게 변화시킬 수 있는지를 보여주는 좋은 예다.

4. 선교사 디도

우리가 또 생각해보아야 할 것은 '선교사 디도'에 관해서다. 디도는 바울과 함께 마게도냐와 고린도 그리고 그레데까지 여행했다. 오늘날 선교사들은 종종 외국인들에게 복음을 전하기 위해 외국어를 배우느라 몇 년씩 투자하곤 한다. 그러나 바울과 디도는 이곳저곳을 다니며 헬라어로 복음을 전했고, 대다수의 사람들이 그들의 말을 알아들었다. 그러므로 적어도 의사소통의 문제에 있어서는, 그들의 선교여행이 상대적으로 쉬웠다고 말할 수 있다.

5. 선을 행한 디도

우리가 또 살펴볼 것은 '선을 행한 디도'다. 사도행전 10장 38절에는 그리스도에 대해 "하나님이 나사렛 예수에게 성령과 능력을 기름 붓듯 하셨으매 그가 두루 다니시며 선한 일을 행하시고"(행 10:38)라고 기록되어 있다. 디도 역시 그리스도를 본받아 두루 다니며, 당시 도움을 필요로 했던 예루살렘의 가난한 성도들을 위해 선을 행하였다.

예루살렘은 복음이 시작된 곳이었고, 그리스도께서 십자가에 못 박히셨던 곳이었다. 그리고 그곳은 성령이 사도들에게 임하신 곳이었고, 그들의 메시지가 전파되기 시작한 중심지였다.

바울은 예루살렘을 사랑했기 때문에 그곳의 유대인 성도들을 위해 헌금을 모으는 일에 관심을 가졌다. 그렇다면 이 유대인, 즉 사도 바울은 헌금을 모으기 위해 어디로 가야 했을까? 바로 이방인 그리스도인들에게 가야 했다!

형제들아 하나님께서 마게도냐 교회들에게 주신 은혜를 우리가 너희에게 알리노니 환난의 많은 시련 가운데서 그들의 넘치는 기쁨과 극심한 가난이 그들의 풍성한 연보를 넘치도록 하게 하였느니라 내가 증언하노니 그들이 힘대로 할 뿐 아니라 힘에 지나도록 자원하여 이 은혜와 성도 섬기는 일에 참여함에 대하여 우리에게 간절히 구하니 고후 8:1-4

바울은 그가 힘쓰는 일에 디도도 동참하기를 원했다. 그는 "너희를 위하여 같은 간절함을 디도의 마음에도 주시는 하나님께 감사하노니 그가 권함을 받고 더욱 간절함으로 자원하여 너희에게 나아갔고"(고후 8:16,17)라고 썼다.

고린도의 교회는 유복했고, 예루살렘의 교회는 궁핍했다. 그런데 디도는 돌 하나로 두 마리의 새를 잡는 것 같은 아이디

어를 냈다. 그는 '고린도 교회의 인색함을 치료하면서 동시에 예루살렘 교회의 가난을 해결하자'라고 생각했다.

디도는 고린도 교회로 가서 "저는 여러분에게 훌륭한 일을 할 수 있는 기회를 드리기 위해 여기에 왔습니다"라는 취지로 말했다. 그 교회 사람들은 "디도 형제, 그것이 무엇입니까?"라고 물었다. 그는 "아, 예, 저는 여러분이 예루살렘의 가난한 성도들을 위해 헌금할 수 있는 기회를 드리려고 찾아왔습니다"라고 대답했다.

이 대목에서 나는 이런 상상을 해본다. 어떤 늙은 집사가 일어나 말한다.

"디도 형제, 잠깐만요. 우리는 이방인이고, 예루살렘의 사람들은 우리를 더럽다고 생각합니다. 그들은 우리와 아무 관계도 맺고 싶어 하지 않을 텐데요."

그때 디도는 그리스도 같은 태도로 이렇게 답했을 것이다.

"그 사람들을 모르시는 말씀입니다. 그들이 유대인인 것은 맞지만, 그리스도인이 되었기 때문에 우리 같은 이방인에 대해 태도를 바꾸었습니다. 뿐만 아니라, 그들은 굶주림에 시달리고 있습니다. 그들이 우리에 대해 어떻게 생각하느냐는 중요하지 않습니다. 중요한 것은 우리가 그들을 위해 무엇을 할 것인가 하는 것입니다."

그런 다음 디도는 고린도의 헌금을 전달하겠다고 자발적으로 나섰을 것이다. 디도는 그런 사람이었다! 더 가진 사람들이 더 많이 내놓는 것이 당연하지 않은가?

6. 조직가로서의 디도

이제 그럼 '조직가로서의 디도'를 살펴보자. 고린도 교회의 문제 해결을 위한 도움을 주기 위해 디도를 고린도로 보낼 때, 바울은 "내가 너를 그레데에 남겨 둔 이유는 남은 일을 정리하고 내가 명한 대로 각 성에 장로들을 세우게 하려 함이니"(딛 1:5)라고 설명했다.

하나님은 각 사람에게 각각 다른 은사를 주시는데, 디도에게는 조직하는 은사를 주셨다. 디도는 질서가 잡히지 않아 혼란에 빠진 교회로 가서 질서를 잡아주었다.

7. 낙천주의자 디도

끝으로, 우리가 볼 것은 '낙천주의자 디도'다. 나는 '낙천주의'라는 말을 그리 좋아하지 않는다. 이상야릇한 생각에 잘 빠지는 시인들이 이 단어를 잘못 사용해왔기 때문이다. 아무튼 디도는 낙천적인 사람이었는데, 이것은 "내가 내 형제 디도를 만나지 못하므로 내 심령이 편하지 못하여 그들을 작별하고 마게도냐로 갔노라"(고후 2:13)라는 바울의 말에서도 확인된다.

바울은 사도였다. 아마 그는 인류 역사상 최고의 지성인 중 하나일 것이다. 실로 그는 교회가 배출한 최고의 신학자다. 그런데 그토록 능력이 많은 바울도 낙심할 때가 있었기 때문에 누군가 찾아와 "바울 사도님, 하나님이 아직 보좌 위에 계십니다"라고 말해주어야 했다.

과거에 바리새인이었던 사람에게 그보다 젊은 이방인이 찾아와 위로하며 기운을 북돋워주어야 했다는 것을 생각해보라. 사도에게 위로를 줄 수 있다는 것은 그 자체가 은사였다.

주 예수 그리스도를 본받는 아름다운 사람

디도는 열심과 정직성과 신중함이 조화를 이룬 사람이었다. 이 세 가지는 얼마나 아름다운 것인가!

우선 디도는 열심 있는 사람이었다. 나는 열심을 좋아한다. 대부분의 그리스도인들은 꾸물거리며 미루기를 좋아한다. 목사가 하는 일의 절반은 사람들로 하여금 꾸물거리지 않고 자신의 일을 시작하도록 만드는 것이다. 많은 그리스도인은 누군가 질질 끌거나 뒤에서 세게 밀거나 앞에서 당겨야 비로소 주님의 일을 시작하는 경향이 있지만, 디도는 그렇지 않았다. 그에게는 열심이 있었다. 그가 기도의 방에서 나올 때에는 열정으로 충만해 있었다.

또한 그는 정직한 사람이었다. 바울은 큰 액수의 헌금을 예루살렘 교회에 전달하는 일을 누군가에게 맡겨야 했다. 바울이 누구에게 이 일을 맡겼을 것 같은가? 물론, 디도였다! 디도는 '돈 맡은 자'가 되기에 아주 적격이었다. 그의 회계장부는 감사할 필요조차 없었을 것이다. 그는 이방인들에게 돌아가 마게도냐 사람들과 고린도 사람들과 다른 교회들이 주는 선물을 예루살렘으로 가져갔다. 여기서 볼 수 있듯이, 그에게는 열심뿐만 아니라 정직성도 있었다.

그런데 디도에게는 이 두 가지뿐만 아니라 신중함도 있었다. 주님이 지극히 사랑하시는 사람들 중 어떤 이들은 선하고 정직하지만 신중하지 못하기 때문에 분별력 없이 말하거나 행동한다. 그러나 디도는 그렇지 않았다. 바울은 열심과 정직성과 신중함이 있는 디도를 신뢰했다.

나는 하나님께서 디도와 같은 영성을 우리에게도 주셔서 우리 모두가 원숙한 그리스도인이 되어 디도처럼 헌신하게 되기를 기도한다.

하나님은 우리를 사용하시고 우리를 통해 일하심으로써 우리를 높여주신다. 그분은 우리가 선교에 뜻을 두게 하시며, 굶주린 자들에게 우리의 재물을 나누어주도록 가르치신다. 선교회와 교회에 헌금하거나 누군가에게 작은 선물을 주는 것이 진짜 하나님의 일을 하는 것이다. 이것을 잘 알기 때문에 우리는 늘 낙천적인 마음으로 열심을 낼 수 있는 것이다.

나는 지금까지 간략하게나마 디도라는 사람을 소개했다. 바울의 말에 의하면, 그는 주 예수 그리스도를 삶으로 드러내는 아름다운 사람이었다.

우리는 그리스도처럼 리더십을 발휘하는 것이 어떤 것인지를 가르친 바울의 교훈을 배웠고, 또 그가 오늘날의 우리를 위해 남겨준 모범을 보았다.

디도라는 인물에 대한 바울의 평가를 담은 구절들을 중심으로 전개될 이 책의 나머지 부분은 진정한 영적 리더십의 기초가 무엇인지를 보여줄 것이다.

" 오, 하늘의 아버지! 바울과 디도 같은 이들로 인해 당신을 찬양합니다. 기도하오니, 오늘날도 그들 같은 사람들을 일으키시옵소서. 오! 하나님이제 사역도 그들의 사역처럼 하나님께 존귀와 영광을 돌릴 수 있도록 제 마음에 도전을 주소서. "

** Alexander Pope, "An Essay on Man: Epistle II," https://www.poetryfound ation.org/poems/44900/an-essay-on-man-epistle-ii.

chapter 03

사도 바울이 보여준
모범

하나님의 종이요 예수 그리스도의 사도인 나 바울이 사도 된 것은 하나

님이 택하신 자들의 믿음과 경건함에 속한 진리의 지식과 영생의 소망

을 위함이라 이 영생은 거짓이 없으신 하나님이 영원 전부터 약속하신

것인데 딛 1:1,2

오늘날 복음주의 교회의 한 가지 문제는 우리가 우리 사역
의 모델을 만들어낼 수 있다는 착각에 빠져 있는 것이다. 그
런데 현재 우리가 생각하는 모델은 성경에 근거한 모델이 아
니라 우리 주변의 문화를 따르는 모델이다. 하지만 그리스도
와 같은 리더십을 발휘하려면, 그분께 복종하는 것이 모든 것
의 포기를 의미한다는 것을 충분히 인식해야 한다. 또 실제로
그분께 온전히 복종하는 모범을 날마다의 삶에서 보여주어야
한다.

바울은 디도에게 자신을 하나님의 종이라고 소개했지만, 바울은 그냥 그리스도의 종이 아니라 '어떤 목적을 위한 종'이었다. 바울은 자신이 사도이며 '보냄을 받은 자'라고 말했다. 그리고 그는 하나님께 택함 받은 자들에게 진리의 지식을 깨우쳐주는 메시지 전달자의 신분으로 주 예수 그리스도를 섬겼다.

그리스도와 같은 리더십을 발휘하려면 그리스도의 마음을 가져야 하는데, 바울은 그리스도의 마음이 어떤 것인지를 보여주는 모범이다. 미래의 결과를 정확히 예견하고 인간의 이해력을 초월하는 마음이 그리스도의 마음이다.

바울은 디도서 1장 1절에서 자신을 소개하면서 "하나님의 종이요 예수 그리스도의 사도인 나 바울이 사도 된 것은 하나님이 택하신 자들의 믿음[을] … 위함이라"(딛 1:1,2)라고 말한다.

그런데 여기 나오는 '하나님이 택하신 자들'이라는 표현에는 어떤 의미가 담겨 있는가? 우리는 종종 이 표현을 깊이 생각하지 않고 건너뛰지만, 그리스도의 인도를 받는 종은 그렇게 해서는 안 된다. '하나님이 택하신 자들'이라는 말에는 '하나님의 선택'이라는 의미가 들어있다. 신약성경은 선택의 교리를 가르치는데, 나는 아직 이 교리를 완전히 이해하지 못했다. 주께서 그분의 영광스런 몸과 같은 몸을 우리에게 주시고, 우리의 영광스런 몸에 어울리는 뇌를 주시고, 우리의 영광스런 뇌에 어울리는 지성을 주시게 될 '그 큰 날'이 이르면, 우리는 선택의 교리를 완전히 이해할 수 있을 것이다. 그 날에도 이것을 이해할 수 없다면, 적어도 '선택 교리는 우리가 이해할 수 있는 것이 아니다'라는 깨달음에는 이르게 될 것이다. 많이 배우고 많이 아는 사람이라고 해서 반드시 모든 것을 이해하는 것은 아니다. 오히려 그런 사람은 자기가 모든 것을 이해할 수 있는 것은 아님을 깨닫게 된다.

우리가 캠프 집회 때 즐겨 부르는 노래가 하나 있다.

머지않아, 아침이 오면,

하나님의 성도들이 본향에 모이면,

우리가 어떻게 이겼는지 이야기할 것이라네.

우리가 더 잘 깨닫게 될 것이기에, 머지않아.

_〈머지않아 더 잘 깨닫게 될 것이라네〉, 찰스 앨버트 틴들리(1851~1933)

'하나님이 택하신 자들'이 무엇을 의미하는지에 대해 우리가 다 이해하지 못할지라도, 두 가지는 이해할 수 있다. 하나는, 오직 '하나님이 택하신 자들'만이 예수께 올 수 있다는 것이다. 예수께서 "나를 보내신 아버지께서 이끌지 아니하시면 아무도 내게 올 수 없으니 오는 그를 내가 마지막 날에 다시 살리리라"(요 6:44)라고 말씀하셨기 때문이다.

그러므로 오직 선택받은 자들만이 그분께 올 것이다. 그런데 오고자 하는 자는 누구나 올 수 있다.

D. L. 무디(D. L. Moody, 1837~1899. 위대한 미국의 복음 전도자)는 신학자로 알려진 사람은 아니었지만, 보석 같은 신학적 주제들을 간결하게 정리해주는 비상한 능력을 가지고 있었다. 그는 선택 교리를 이렇게 정리했다.

"그리스도께 오려는 자들은 누구나 선택받은 자들이고, 그분께 오려고 하지 않는 자들은 누구나 선택받지 못한 자들이다."**

그러므로 당신은 가서 세상의 모든 사람들에게 진리의 메시지를 그대로 전하며, "당신이 그리스도께 오면 구원 받을 것이다"라고 말하면 된다. 오는 자들은 구원을 얻을 것이다.

이 문제에 대해, 이렇게 말하는 것보다 더 잘 말할 수는 없을 것이다. 우리는 교리에 대한 옛 사고방식에 얽매여서 스스로를 분열시키고 있다. 하지만 천국에는 그런 분열이 없을 것이다. 우리 모두는 함께 그리스도 안에 있을 것이다. 바울은 '통합된 리더십'을 교회에게 보여주려고 노력했다.

변화 받고 정결케 되려면

바울은 "경건함에 속한 진리"(딛 1:1)라는 표현을 사용하는데, 이 표현에는 하나님께서 바울을 통해 디도에게 주시는 메시지의 핵심 중 핵심이 담겨 있다.

예수 그리스도의 복음은 우리를 구원하기 위한 것일 뿐만 아니라 우리를 정결케 하고 변화시키기 위한 것이기도 하다. 최근 여러 해 동안 우리는 복음의 '구원적 요소'를 강조해왔다. 누구나 입을 열면 "와서 구원 받으세요"라고 말한다. 하지만 성경은 거기서 멈추지 않는다.

디도서는 선택받은 자들이 거룩하고 경건한 삶을 살아야 한다고 가르친다. 바울은 디도에게 그레데 사람들의 교리가 그의 주변에 넘친다고 상기시킨다. 그레데인들은 그들이 이해한 하나님에다가 그들의 헬라 신들과 신화를 혼합해버렸다. 그들은 거짓말쟁이였다.

어떤 면에서 지금 많은 사람들은 현대판 그레데인들이다!

그렇기 때문에 만일 당신이 회심한 그리스도인이 아니어서 당신 마음속에 하나님의 은혜가 없다면, 현대판 그레데인들에게 영향을 받을 것이다.

바울 시대의 그리스도인들은 그레데인들에게 둘러싸인 소수의 무리였는데, 바울은 그리스도인들에게 이 그레데인들을 조심하고 그들을 호되게 꾸짖으라고 가르쳤다. 그렇게 해야만, 건전한 신앙을 갖고 올바르게 살 수 있었기 때문이다.

오늘날의 도덕성은 아주 낮은 수준에 머물고 있다. 만일 당신이 그리스도를 위해 살기 원한다면 모든 이들에게 등을 돌리며 이렇게 말해야 할 것이다.

"나는 그리스도인들과 어울릴 것이고, 그들과 함께 살 것입니다. 내 사람들은 그리스도인이므로, 나는 경건하지 않은 사람들과 함께 행하지 않을 것입니다."

어느 정도의 변화와 정결케 됨이 없다면, 아무리 여러 번 새롭게 헌신한다 해도 구원의 보증은 없다는 것이 신약성경의 교훈이다. 새신자 카드에 아무리 여러 번 서명했어도, 아무리 여러 번 부흥회에 참석했어도, 그리스도를 영접한다고 여러 번 스스로 다짐했다 해도 상당한 변화와 정결함이 없다면 구원의 보증은 없다. 참된 구원에는 변화와 정결함이 따르기 때문이다. 이것이 바울이 디도에게 보낸 편지의 핵심 내용이다. 이런 편지를 보낸 목적은 디도가 그레데인들에게 그렇게 가르치도록 하기 위함이었다.

오늘날 우리가 살고 있는 도시들은 그레데보다 나은가? 역사가들은 그레데가 악한 종교들이 뒤섞여 있는 악한 곳이었다고 말한다. 그렇다면, 지금 우리의 눈에 보이는 것들은 그레데보다 나은가? 불행하게도, 어떤 사람들은 당신이 돕겠다고 할 때 당신의 도움을 받기를 거절할 것이다. 특히 스스로 그리스도인이라고 하면서도 변화되지 않는 사람들이 그럴 것이다. 그들은 자기에게 필요한 것들을 전부 갖고 있다고 생각한다. 그러나 바울은 기본적으로 이렇게 가르친다.

"하나님의 사람들과 어울려라. 기도회, 젊은이 집회 그리고 교회 집회들에 참석해라. 그런 곳들에서 도움을 받아야 한다. 분명히 저 밖에 너를 삼키려는 그레데인들이 있기 때문이다. 그들은 어디에서나 너를 잡으려고 한다. 그러므로 네가 하나님의 자녀들에게 도움 받기를 거절한다면, 그레데인들에게 잡혀서 그들처럼 될 것이다. 그것은 하나님께서 원하시는 것이 결코 아니다!"

목적에 집중하라

그리스도의 종인 바울은 목적을 가지고 있었고, 그 무엇도 그 목적의 성취에 방해가 되지 않도록 했다. 그는 '디도'라고 불리는 이 젊은 그리스도인에게 정말 훌륭한 모범을 보였다.

그저 그리스도를 따르는 것만으로는 충분하지 않고, 거기에는 반드시 목적이 있어야 한다. 많은 이들이 그 목적을 모르고 갈팡질팡하면서 사역을 하기 때문에 하나님께서 그들을 통해 이루기 원하시는 일을 오히려 훼손한다.

내게 주어지는 최대의 도전은 내 삶을 향한 하나님의 목적을 발견하는 것이다. 즉, 왜 그분이 나를 저쪽 길로 인도하지 않으시고 이쪽 길로 인도하시는지를 알아내는 것이다. 만일 내가 그분을 섬기는 목적을 이해하지 못한다면, 그분이 내 인생에서 무슨 일을 하시는지에 대해 매우 혼란을 느낄 것이다. 많은 그리스도인들은 그분이 그들에게 주신 목적에 따라 그들의 삶 속에서 행하신다는 것을 잘 모른다. 그 목적은 우리가 '섬기는 사람'이 되는 것이다.

사도 바울에 대해 우리가 확실히 아는 한 가지는 그가 목적을 잊지 않았다는 것이다. 나는 그런 목적의식이 디도의 삶에도 그대로 흘러 들어갔다고 믿는다. 바울은 온갖 일들을 겪고 참으면서도 분명한 목적의식을 잃지 않았다. 그는 분명한 목적을 위해 하나님을 섬겼는데, 그 목적은 그분이 누구이신지에 대한 분명한 인식에 뿌리박고 있었다. 그리고 그 목적의식은 어떻게 그분이 그를 '섬기는 종'으로 부르셨는지에 대한 깨달음에서 흘러나왔다.

내가 내 목적에 집중하지 않으면 낙심과 심지어 우울증에 빠질 수 있다는 것을, 나는 사역 중에 배웠다. 내 경험을 말하자면, 낙심과 우울의 수렁에서 빠져나오는 유일한 방법은 하나님을 섬길 때 내 목적에 다시 집중하는 것이었다. 사도 바울도 인간이었기 때문에 삶 속에서 그런 경험들이 있었을 것이다. 그렇기에 사도 바울을 옆에서 지켜본 디도도 자신의 삶 속에서 어떻게 하나님의 목적에 계속 초점을 맞출 수 있는지를 배웠을 것이라고 나는 확신한다.

분명히 디도는 그리스도와 같은 리더십을 발휘하는 것이 어떤 것인지를 자신의 열정과 행동을 통해 보여주었다. 또한 그는 그리스도를 따르는 것이 무엇을 의미하는지를 그의 시대 그리스도인들에게 보여주었다.

“오, 아버지! 바울과 디도 같은 모범적인 신앙인을 통해 제 삶에 힘을 불어넣어 주시니, 당신을 찬양합니다. 당신을 섬길 때 제 목적에 계속 집중하게 하셔서 제 삶을 사용하소서. 제 모든 행함이 온전한 헌신의 모범이 되도록, 제가 어떤 대가를 치르더라도 당신을 위해 살고 당신을 섬기게 하소서.”

** Dwight Lyman Moody, *Notes from My Bible: From Genesis to Revelation* (Chicago: Fleming H. Revell Company, 1895), p. 108.

chapter 04

완전한 진리를
따라 행하라

하나님의 종이요 예수 그리스도의 사도인 나 바울이 사도 된 것은 하나
님이 택하신 자들의 믿음과 경건함에 속한 진리의 지식과 영생의 소망
을 위함이라 이 영생은 거짓이 없으신 하나님이 영원 전부터 약속하신
것인데 딛 1:1,2

그리스도와 같은 리더십을 발휘하려면, 그분에게 동기를 부
여했던 것과 같은 동기부여가 우리에게도 있어야 한다. 그런
동기부여는 우리가 상상하거나 만들어내거나 외부의 문화에
서 가져오는 것이 아니다. 그것은 그것의 본래의 원천, 즉 예수
그리스도 안에 있는 진리에서 나온다.

진리를 이해하는 것은 결코 만만한 일이 아니다. 예를 들면,
영생에 관한 진리를 이해하는 것은 아마도 가장 어려운 일일
것이다. 영생에 관한 진리를 완전히 이해하려면 그 진리의 전

부를 살펴보아야 한다. 그 진리의 전부를 보는 것만이 우리의 진정한 희망이다. 내가 볼 때, 영생이 지고(至高)의 보물이라는 사실은 부정하려고 시도하는 사람조차 없을 것이다. 영생은 정말로 지고의 보물이기 때문이다.

영생이 얼마나 가치 있고 얼마나 귀한 것인지 모르고 지나치는 일이 없기를 바란다. '영생'이라는 말에 더할 나위 없는 보화가 숨겨져 있다는 것을 모르면 안 된다. 영생은 불순종과 타락으로 인해 잃어버린 바 된 생명이 그리스도의 오심으로 말미암아 우리에게 다시 주어진 것이다. 이것은 그분이 "내가 온 것은 양으로 생명을 얻게 하고 더 풍성히 얻게 하려는 것이라"(요 10:10)라고 선포하신 말씀에서도 알 수 있다. 모든 이들이 잘 아는 바와 같이, 요한복음 3장 16절은 "하나님이 세상을 이처럼 사랑하사 독생자를 주셨으니 이는 그를 믿는 자마다 멸망하지 않고 영생을 얻게 하려 하심이라"라고 증언한다. 과거에 잃어버린 이 지고의 보물을 예수 그리스도께서 되찾아 주셨기에, 이제 우리는 믿음으로 이것을 다시 얻을 수 있다.

합(合)을 찾아야 한다

"영생의 소망을 위함이라"(딛 1:2)라는 바울의 말을 들을 때 우리의 머리에는 '바울이 말하는 소망은 미래의 일인가?'라는 의문이 생길 수 있다. 내가 볼 때, 이 문제는 크게 고민할 필요가 없을 정도로 분명하다. 우리는 우리에게 없는 것을 소망한다. 이미 가지고 있는 것을 소망한다는 것은 불가능하다. 소망이 현실로 이루어지면, 더 이상 소망은 존재하지 않게 되기 때문이다. 그러므로 "영생의 소망을 위함이라"라는 바울의 말에서 우리는 영생이 교회에게는 미래의 일이라는 것을 알 수 있다.

그렇다면 영생은 현재인가, 미래인가? 현재 우리에게는 영생이 있는가, 아니면 영생을 찾고 있는가? 조금 전에도 말했지만, 바울이 "영생의 소망을 위함이라"라고 말한다는 것은 우리가 영생을 기다리며 소망한다는 것을 의미한다.

영생, 즉 영원한 생명이 무엇을 의미하는지에 대해 더 깊이 살펴보기 전에, 우리는 서로 모순되는 것처럼 보이는 두 단어에 대해 정리해야 한다. 사람들은 이렇게 묻곤 한다.

"왜 성경은 '라이프'(life, 생명)라는 단어 앞에 어떤 때에는 '이터널'(eternal, 영원한)이라는 말을 붙이고, 또 어떤 때에는 '에버래스팅'(everlasting, 영원한)이라는 단어를 붙이는가?"

'음악적 언어'라는 것은 어감이 좋은 단어들을 사용해서 만들어내는 언어를 말한다. 이런 식으로 어감을 좋게 하기 위해, 성경 번역자들이 어떤 절에서는 '이터널 라이프'라고, 또 어떤 절에서는 '에버래스팅 라이프'라고 번역한 것이다. '이터널 라이프'라고 번역하면 때로는 음악적으로 어울리지 않기 때문에 '에버래스팅 라이프'라고 번역한 것뿐이다. '이터널'과 '에버래스팅'은 헬라어에서 동일한 것을 의미하며, 영어에서도 서로 동의어로 사용된다. 우리가 '이터널 라이프'라고 말하든, '에버래스팅 라이프'라고 말하든 차이는 없다. 이 두 표현은 예수께서 입으로 말씀하셨을 때, 그리고 바울이나 요한의 펜에서 흘러나왔을 때 모두 동일한 의미를 가졌다.

언젠가 랠프 월도 에머슨(R. W. Emerson, 1803~1882. 미국의 사상가이며 시인)은 "어리석은 일관성은 편협한 사람들의 말썽쟁이 요정이다. 옹졸한 정치인과 철학자와 성직자가 이것에 아주 매료된다"라고 말했다.** 한쪽 방향으로만 생각하는 것은 성경적이지 않다. 진리는 한 문장으로 표현되는 것이 거의 불가능할 정도로 지극히 넓고, 매우 여러 면으로 구성되어 있기 때문이다. 그렇기 때문에 마귀가 "기록되었으되"(마 4:6)라고 말했을 때 예수께서 "기록되었으되"(마 4:7)라고 대답하신 것이다. 만일 예수께서 "기록되었으되"라는 마귀의 말을 받아들이시고 그 말이 전부라고 여겨 그 말에 얽매이셨다면, 돌들을 모두 떡덩이로 바꾸시고 성전 꼭대기에서 뛰어내리셨을 것이다. 만일 그분이 어떤 형제들처럼 성경의 문자에 얽매이셨다면, 자기모순에 빠질까 봐 두려워하시다가 결국 마귀의 올무에 걸려드셨을 것임에 틀림없다. 하지만 실제로, 진리는 매우 방대하기 때문에 한 문장에 전부 담기는 경우가 좀처럼 없다. 대개의 경우, 진리를 한 문장으로 표현하려다가는 어떤 한 가지를 지나치게 강조하게 되기 때문에 오류를 범하게 된다.

한 가지를 분명히 밝히고 그 다음에 그것과 모순되는 것처럼 보이는 것을 밝힌 다음에 이 두 가지를 함께 아우를 때 진리가 드러난다. 철학에서는 이것을 가리켜 '정'(正, thesis), '반'(反, antithesis), '합'(合, synthesis)이라고 부른다. 이 단어들의 의미는 그리 어렵지 않다. 정(正)은 당신이 말하는 명제(命題)이고, 반(反)은 그 명제와 모순되는 것이며, 합(合)은 이 두 가지가 결합된 것이다. 이 결합에서 진리가 드러난다.

우리의 문제는 진리의 한 부분만을 붙들면서, 그것이 진리의 전부라고 생각하는 것이다. 그러다 보면 우리는 마음의 문을 닫게 되고, 그것과 다른 주장을 하는 사람에게 등을 돌리게 된다.

"나는 하나님의 주권을 믿는다"라고 말하는 사람이 마음의 문을 닫은 후 용접해서 완전히 봉한 채로 하나님의 주권을 믿는다고 하자. 그런데 다른 사람이 담대하게 일어나서는 "나는 인간의 자유의지를 믿는다"라고 말한 다음 자기 둘레에 울타리를 치고 용접으로 봉해 버린다. 이 두 사람은 서로 등을 돌리고 각기 다른 곳으로 가서 교회를 세울 것이고, 그들 각자의 교회는 그들과 생각이 같은 작은 무리들을 위한 공간이 될 것이다. 그러나 지혜로운 그리스도인은 정, 반, 합을 모두 본 후에 이렇게 말한다.

"잠깐만 기다리시오. 우리가 이 두 가지 진리들을 모두 보고, 이 둘이 모두 옳다는 것을 깨달은 다음, 이 둘보다 더 큰 세 번째 진리를 취하는 것이 가능하지 않을까요?"

내가 말은 이렇게 하지만, 사실 사람들로 하여금 이렇게 하도록 만드는 것은 쉽지 않다. 그러다 보니 우리는 차라리 서로 갈라지고, 교회를 세우고, '무언가의 창시자'라는 말을 듣는 편을 택한다.

현재의 영생과 미래의 영생

이제 영생에 관한 성경의 언급 중 두 가지를 제시하겠다. 그런데 이 두 가지는 서로 모순처럼 보인다.

먼저, 요한복음 5장 24절(개역한글)에는 "내 말을 듣고 또 나 보내신 이를 믿는 자는 '영생을 가지고 있고'"(개역개정에는 '영생을 얻었고'라고 번역되어 있다 - 역자 주)라는 말씀이 나온다. 이 말씀에서 '영생을 가지고 있고'(has everlasting life)가 현재 시제로 되어 있다는 것에 주목하라. 또한 요한복음 6장 47절에는 "진실로 진실로 너희에게 이르노니 믿는 자는 영생을 가졌나니"라는 말씀이 기록되어 있다. 그리고 요한일서 5장 12절은 "아들이 있는 자에게는 생명이 있고"라고 말한다.

방금 인용한 이 세 성경 구절은 모든 참된 그리스도인들에게 '현재' 영생이 있다는 명제를 증명한다. 하나님의 말씀으로 인정된 이 세 구절은 하나의 정(正)을 확립한다. 참된 그리스도인에게는 영생이 있다!

이 구절들의 의미는 굳이 설명이 필요 없을 정도로 분명하다. 그런데 교회 사람들 중 일부는 영생이 현재 소유할 수 없는 미래의 것이라고 가르친다. 그들은 우리가 미래에 영생을 얻게 된다고 말한다. 그렇다면 우리는 그들의 말을 들을 때 우리 둘레에 울타리를 치고 "저 사람들은 우리가 이미 확립한 명제와 맞지 않는 것을 주장하므로 우리가 거부해야 한다. 우리의 명제는 '그리스도인들에게 현재 영생이 있다'는 것이다"라고 말해야 하는가?

다음과 같은 구절들을 보자. 마태복음 25장 46절은 "그들은 영벌에, 의인들은 영생에 들어가리라 하시니라"라고 말한다. 여기서 영생은 미래의 것으로 제시된다. 그리고 누가복음 20장 35,36절에는 "저 세상과 및 죽은 자 가운데서 부활함을 얻기에 합당히 여김을 받은 자들은 장가 가고 시집 가는 일이 없으며 그들은 다시 죽을 수도 없나니 이는 천사와 동등이요 부활의 자녀로서 하나님의 자녀임이라"라는 말씀이 나온다. 미래의 생명이 있는데, 그것은 우리가 앞으로 얻게 될 것이다.

누가복음 18장 29,30절에는 이렇게 기록되어 있다. "[예수께서] 이르시되 내가 진실로 너희에게 이르노니 하나님의 나라를 위하여 집이나 아내나 형제나 부모나 자녀를 버린 자는 현세에 여러 배를 받고 내세에 영생을 받지 못할 자가 없느니라 하시니라." 또한 로마서 2장 7절에는 "참고 선을 행하여 영광과 존귀와 썩지 아니함을 구하는 자에게는 영생으로 하시고"라고 기록되어 있다. 갈라디아서 6장 8절은 "자기의 육체를 위하여 심는 자는 육체로부터 썩어질 것을 거두고 성령을 위하여 심는 자는 성령으로부터 영생을 거두리라"라고 증언한다.

이와 같은 구절들은 영생이 미래에 그리스도인들에게 주어질 것임을 증명해준다. 그렇다면 이제 우리에게는 정(正)과 반(反)이 생긴 셈이다.

그러면 우리는 어떻게 해야 하는 것인가? 두 손, 두 발 다 들고 "성경에는 모순이 있다"라고 말해야 하는가? "무엇을 믿어야 할지 모르겠다. 어떤 교회에 다녀야 할지 모르겠다"라고 탄식하며 다 포기해야 하는가? "기독교가 뒤죽박죽이니까 이제 나가서 먹고 마시고 즐겁게 지내자. 내일 죽을지도 모르는 것 아니냐?"라고 말해야 할까?(고전 15:32)

어리석은 자들은 그렇게 하겠지만, 우리에게는 다른 길이 있다! 영생의 문제와 관련된 것들을 연구해보면, 현재의 영생과 미래의 영생이 서로 모순되지 않으며, 오히려 서로를 보완하고 보충하고 설명해준다는 것을 알게 될 것이다.

정명제(正命題)는 그리스도인들에게 현재 영생이 있다는 것이다. 반명제(反命題)는 그리스도인들이 영생의 소망을 갖고 산다는 것이다. 그리고 합명제(合命題), 즉 진리는 우리의 영혼 안에서 하나님을 체험하는 것이 영생이라는 것이다. 성경은 "영생은 곧 유일하신 참 하나님과 그가 보내신 자 예수 그리스도를 아는 것이니이다"(요 17:3)라고 증언한다. 다시 말하자면, 영생은 우리가 현재 갖고 있는 것이다. 그러면서도 이 영생은 어디에서나 죽음에 둘러싸여 있는 '속량 받은 사람들'의 가슴 속에서 자란다.

세상은 사악함의 품 안에서 잠자고 있고, 우리의 주변에는 온통 죽음뿐이다. 성경에 따르면, 사람들은 허물과 죄로 죽어 있고, 불의와 사악함과 속박의 수렁에 빠져 있다. 그러나 죽음을 피할 수 없는 인간의 운명, 죽음 자체, 속박 그리고 사악함이 넘치는 가운데에서도 어떤 이들은 현재 영생을 소유하고 있다. 하나님과 그분의 아들 예수 그리스도를 아는 것이 영생이기 때문이다.

더 나아가, 영생은 또한 미래의 상태이기도 하다. 그 미래의 상태는 복 받은 자들의 나라이며, 그 나라는 죽음이 영원히 사라지고 없는 곳이다. 그곳은 삼위일체 하나님이 가시적(可視的)으로 임재하시는 곳이다. 그곳에서 사람들은 하나님의 얼굴을 볼 것이다. 그곳에는 죽음, 묘지, 유골, 영안실, 장의사, 병원, 앰뷸런스, 의사와 통증, 그리고 고령과 죽음에 따르는 극단적인 불행이 없을 것이다. 하나님의 얼굴을 보라! 그분에 대해 성경은 다음과 같이 증언한다.

"오직 그에게만 죽지 아니함이 있고 가까이 가지 못할 빛에 거하시고 어떤 사람도 보지 못하였고 또 볼 수 없는 이시니 그에게 존귀와 영원한 권능을 돌릴지어다 아멘"(딤전 6:16).

이 말씀에서 우리는 영생이 작은 것에서 큰 것으로 점점 확장되는 성질이 있다는 것을 알아야 한다. 현재 우리의 마음에는 '영생'이라는 작은 다이아몬드가 박혀 있는 것이고, 장래에는 우리가 다이아몬드로 지은 큰 집에서 살게 될 것이다. 감옥에 갇힌 사람이 좁은 창문을 통해 파란 하늘을 보듯이 지금 우리는 '영생'이라는 파란 하늘의 작은 부분만을 볼 수 있지만, 장래에는 파란 하늘 전체를 실컷 보게 될 것이다. 우리는 영생에 푹 빠져버릴 것이다. 영생 안에서 헤엄치고, 영생 안에서 날고, 영생 안에서 살아갈 것이다.

하나님의 말씀에는 일관성이 있다

이제까지 내가 말한 것에서 알 수 있듯이, 성경에는 모순이 없다. 성경은 하나의 명제를 말하고, 그 다음에 또 하나의 명제를 말한다. 그리고 성경은 누군가 "나는 이것을 믿는다"라고 말하면 그 사람은 그 사람대로 인정해주고, 또 다른 사람이 "나는 저것을 믿는다"라고 말하면 그 사람은 그 사람대로 인정해준다.

내가 보기에 가장 딱한 것은 성도 두 사람이 동일한 통나무 위에 앉아 있으면서도 서로 등지고 대화를 하지 않으려는 것이다. 한 사람은 영생이 현재의 것이라고 말하고, 다른 사람은 영생의 소망에 대해서만 말한다. 만일 이 두 사람이 통나무에서 일어나 조금 떨어진 곳에서 통나무를 바라본다면, 두 사람의 견해가 모두 맞다는 것을 알게 될 것이다. 그리스도인들이 현재 영생을 소유한 것은 맞지만, 현재는 영생의 전부를 소유한 것이 아니다. 현재는 그들의 영혼 안에 하나님의 생명이 있는 것이다(이것을 가리켜 베드로는 그들의 영혼 안에 지금 하나님의 성품이 있다고 말한다).

도심에 있는 선교회에서 일하는 사람이 빈민가 출신의 불쌍한 사람에게 "예수 그리스도를 믿으면 영생을 얻습니다"라고 말할 때, 그의 말은 진리이다. 성경을 깊이 있게 설명해주는 성경 해석자가 "우리는 장래의 영생의 소망을 갖고 살아갑니다"라고 말할 때, 그도 역시 진리를 말하는 것이다. 그런데 이 두 사람의 말에는 모두 "믿는 자가 영생을 얻는 것은 현재다"라는 의미가 내포되어 있다. 이것을 가리켜 바울은 '미리 조금 경험하는 것'(foretaste)이라고 부르는데, 이런 현재의 맛보기는 영생의 시작일 뿐이다.

그런데 내가 "지금 내게 영생이 있으니 하나님께 감사한다"라고 말하고 조금 후에 "복음은 영생의 소망이다"라고 말한다면, 사람들은 "저 사람 또 시작이다! 저 사람은 이해할 수 없는 사람이야. 모순에 빠져 있어!"라고 할 것이다.

그렇지 않다! 내 말에는 모순이 없다. 하나님은 우리가 장차 갖게 될 것의 작은 부분을 이미 우리에게 주셨다. 그리고 저기 하늘나라에는 영광스런 큰 기업(基業)이 우리를 기다리고 있다. 그렇기 때문에 종종 성경은 우리에게 영생을 구하고, 영생을 소망하라고 가르친다. 의인들이 세상을 떠나면 영생으로 들어가지만, 그들 안에 지금 영생이 있는 것도 사실이다.

주께서 어떤 사실을 말씀하시면 그것을 믿어라. 또 그분이 먼저 말씀하신 것과 모순되는 것처럼 보이는 어떤 사실을 말씀하신다면, 그것도 믿어라. 그 두 가지가 모두 진리이기 때문이다. 머지않아 당신은 그 두 가지가 서로 잘 들어맞는다는 것을 증명하는 세 번째 진리를 듣게 될 것이다.

지금 그리스도인들에게는 영생이 있다. 이것이 정명제다. 우리는 영생을 고대한다. 이것이 반명제다. 그런데 영생에는 두 가지 측면이 있다는 것이 합명제다. 한 가지 측면은 우리가 현재 갖고 있는 것을 말하고, 다른 한 측면은 우리가 장차 갖게 될 것을 말한다. 만일 어떤 그리스도인이 '내가 지금 갖고 있는 것이 하나님께서 내게 해주실 수 있는 전부다'라고 생각한다면, 그 사람은 이 문제를 처음부터 다시 생각해보아야 할 것이다. 역사상 가장 복되고 거룩한 그리스도인조차 '이제 시작한 사람'에 불과하다. 비유를 들자면, 이제 유치원에 다니고 있는 것이고 해변에서 모래 양동이를 갖고 노는 아이에 불과하다! 그의 앞에는 대양이 있다! 그 대양은 그리스도께서 그를 위해 저기 하늘나라에 준비해놓으신 영광스런 진리의 대양이며 보화의 대양이다!

하나님의 폭포 소리에 깊은 바다가 서로 부른다(시 42:7 참조). 우리가 '그리스도인'이라고 부르는 작은 초호(礁湖)들, 즉 비유적으로 말하면, '영생의 작은 물웅덩이들'은 어느 날 갑자기 제방을 확 넘어 급속히 흘러가서 우리가 '하나님'이라고 부르는 저 지극히 방대한 영생의 대양을 만나게 될 것이다. 이것이 우리가 소망하는 것이다. 그렇기 때문에 바울은 "영생의 소망을 위함이라"(딛 1:2)라고 말한다.

만일 우리가 진리의 전부를 취하지 않으면, 예수 그리스도께서 여기 이 땅에 계실 때 우리를 위해 보여주신 모범적인 리더십 같은 리더십을 발휘할 수 없을 것이다. 진리의 전부를 취하지 않으면, 결국 아무것도 취하지 않은 것과 마찬가지다.

66 하늘의 아버지! 제가 당신의 진리에 진심으로 굴복합니다. 우리가 복종해야 할 가치가 있는 진리는 오직 당신의 진리뿐입니다. 오! 하나님, 제가 진리의 일부라도 훼손함으로 사역에서 제외되는 일이 없도록 저를 도우소서. 오! 아버지, 저를 사용하셔서 그리스도의 진리대로 살게 하소서. 그리하시면 사람들이 그 진리를 보게 될 것입니다. 99

** Ralph Waldo Emerson in John Bartlett, comp., *Familiar Quotations*, 10th ed., rev. by Nathan Haskell Dole (Boston: Little, Brown, 1919), Bartleby.com, 2000, https://www.bartleby.com/100/420.47.html.

chapter 05

하나님이 주신
약속들

영생의 소망을 위함이라 이 영생은 거짓이 없으신 하나님이 영원 전부

터 약속하신 것인데 딛 1:2

그리스도의 리더십을 닮은 리더십의 자질들을 우리 자신 안
에서, 또 다른 이들 안에서 키워나가려면 하나님의 약속들을
이해해야 한다. 우리는 그 약속들이 무엇인지, 그것들이 우리
와 어떤 관계가 있는지, 그리고 그것들이 우리가 섬기는 사람
들과 어떻게 관련되는지를 알아야 한다.

이제까지 디도서를 공부해온 우리는 이제 디도서에서 또 하
나의 중요한 부분에 이르렀다. 그것은 "거짓이 없으신 하나님
이 영원 전부터 약속하신 것인데"라는 말씀이다. 우리가 잘 알
고 있듯, 이 말씀에 나오는 하나님은 아브라함과 이삭과 야곱
의 하나님이시다. 즉, 우리 주 예수 그리스도의 하나님이시며

아버지이신 분이다. 바울은 이분을 가리켜 '유일하신 하나님'이라고 말한다. 우리에게는 한 아버지가 계시고, 한 하나님이 계시고, 영생의 소망이 있는데, 이 소망은 내세의 더 큰 것들을 바라보는 소망이다.

'약속'이라는 것은 그 약속을 한 사람이 쌓은 신뢰성만큼만 유효하다. 만일 어떤 약속이 주어졌다면, 그 약속을 한 사람이 누구인지를 알아보라. 일단 그 사람에 대한 평판이 괜찮다면, 그 약속도 어느 정도 신뢰할 수 있을 것이다. 하지만 거기서 끝내지 말고 그 사람에 대해 더 알아봐야 한다. 즉, 그 사람이 100퍼센트 믿을 만한지, 그 사람이 언제나 약속을 지켰는지 알아봐야 한다. 그 사람이 거짓되거나 부정직하다는 평판이 없다면, 즉 약속을 잘 지킨다면 당신은 걱정할 필요가 없다.

누군가 당신에게 어떤 것을 해주겠다고 약속하는 편지를 썼다고 가정해보자. 아마도 당신은 한편으로는 믿음이 가지 않지만, 또 한편으로는 그 약속이 진짜이기를 바랄 것이다. 어쩌면 당신은 심지어 하나님께 "아버지, 제가 그 사람의 약속을 믿게 하소서"라고 기도할지도 모른다.

만일 내가 그런 편지를 받았는데, 알고 보니 약속을 지켜본

적이 없는 사람이 그저 듣기 좋으라고 빈말로 한 약속이라면, 나는 그냥 웃어넘길 것이다. 하지만 그 사람이 과거에 약속을 잘 지켰고 지금도 그 약속을 지킬 능력이 있는 사람이라면, 그의 말을 믿을 것이다.

그렇다! 하나님의 약속도 그와 같다! 그분은 거짓말을 하실 수 없다. 모든 진리는 그분에게서 시작되고, 그분을 반석으로 삼는다. 그럼에도 사람들이 믿음을 가지려고 힘들게 애쓰는 것을 보면, 즉 하나님과 그분의 약속을 믿으려고 애쓰는 것을 보면 마음이 괴롭다. 믿음을 갖는 것이 힘든 이유는 누가 그 약속을 했는지 망각했기 때문이다. 약속하신 분이 하나님이시라면, 얼마든지 믿을 수 있는 것 아닌가?

부정적 명제(命題)를 통해 하나님을 이해할 수 있다

디도서 1장 2절에서 바울이 부정적 표현을 통해, 즉 '거짓이 없으신 하나님'이라는 표현을 통해 그분에 대해 말하는 것은 우리의 흥미를 자극하기에 충분하다.

토마스 아퀴나스(Thomas Aquinas, 1225~1274. 중세 유럽의 스콜라철학을 대표하는 이탈리아의 철학자 및 신학자)는 하나님과 그분의 피조물에 대해 쓴 그의 책에서 "우리는 긍정의 표현보다는 부정의 표현을 통해 하나님의 성품을 더 완전히 알 수 있다"라고 말했다. 하나님의 본질과 우리의 본질 사이에는 무한한 차이가 있기 때문에, 우리 타락한 인류가 그분이 어떤 분이신지를 표현하는 것은 매우 어렵다. 그러므로 '그분이 어떤 분이신지'에 대해 말하는 것보다 '그분이 어떤 분이 아니신지'를 말함으로써 그분을 더 잘 알 수 있다. 이런 방법은 신학자들이 연구할 때 사용하는 방법이기도 하다. 그들은 그분의 완전한 속성들을 이해하기 위해 종종 부정의 표현들을 사용한다.

예를 들어, 내가 하나님의 자명성(自明性)에 대해 가르치려고 한다면 "하나님에게는 시작이 없다"라고 말할 것이다. 나는 이렇게 표현하는 것 말고는 다른 방법이 없다고 믿는다. 인간의 언어에는 한계가 있기 때문이다. 하나님 이외의 다른 모든 존재들에게는 시작이 있다. 심지어 스랍들(seraphim)과 천사장들도 그렇다. 그러나 하나님에게는 시작이 없기 때문에 그분은 스스로 존재하셔야 한다. 여기서 볼 수 있듯이, 우리는 부정적 명제를 통해 긍정적인 명제에 이른다.

하나님의 자족성(自足性)에 대해 가르치거나 묵상할 때, 나는 "하나님은 외부적인 도움을 필요로 하지 않으신다"라는 점에 주목할 것이다. 외부적인 도움이 없다면 그분은 오직 자신의 힘으로 스스로를 유지하셔야 한다. 그러므로 그분은 자족하셔야 한다. 여기에서도 역시 우리는 부정적 명제를 통해 긍정적 명제에 이른다.

만일 내가 하나님의 불변성에 대해 묵상한다면, 그분이 변하지 않으신다는 것을 깊이 생각할 것이다. 하나님이 변하지 않으신다면, 과거의 하나님과 현재의 하나님은 동일하시다. 그렇다면 우리는 미래의 하나님이 과거의 하나님이나 현재의 하나님과 동일하실 것이라고 쉽게 추론할 수 있다.

내가 하나님의 무한성에 대해 묵상하려고 한다면, 그분에게 한계가 없다는 것을 묵상할 것이다. 그분에게 한계가 없다면 그분에게는 경계도, 끝도 없는 것이다.

이처럼 '하나님이 어떤 분이 아니신가'를 말함으로써 그분을 묘사하는 성경 구절들이 여럿 있다.

"여호와, 땅 끝까지 창조하신 이는 피곤하지 않으시며 곤비하지 않으시며"(사 40:28).

"나 여호와는 변하지 아니하나니"(말 3:6).

"너를 지키시는 이가 졸지 아니하시리로다"(시 121:3).

"주는 … 자기를 부인하실 수 없으시리라"(딤후 2:13).

"하나님의 모든 말씀은 능하지 못하심이 없느니라"(눅

1:37).

"하나님이 거짓말을 하실 수 없는"(히 6:18).

"거짓이 없으신 하나님"(딛 1:2)이라고 말했을 때 바울은 부정적 명제를 사용한 것이다. 만일 그가 '참되신 하나님' 또는 '진리의 하나님'이라고 말했어도 우리는 그의 말을 충분히 이해할 수 있을 것이다. 하지만 그가 부정적 명제를 사용했기 때문에 그의 말은 우리에게 더욱 강력하게 다가온다.

하나님은 거짓말을 하실 수 없다! 그분이 우리에게 영생의 약속을 주셨다. 그렇다면 이제 당신은 어떻게 하려는가? 집에 가서 어금니를 꽉 깨물고 버티면서 "하나님의 약속이 사실인가?"라고 고민해야 하는가? 그렇지 않다! 하나님을 알고 그분께 가까이 가서 평안을 누려라! 그분을 알고 그분을 가까이 하면 근심이 없어질 것이다.

하나님은 누구에게 약속을 주셨는가?

바울의 말에 의하면, 하나님은 '시간이 시작되기 전에' 약속 하셨다. 그분이 시간이 시작되기 전에 약속하셨다면, 그분은 그때 '존재하는 누군가'에게 약속하셨던 것이 분명하다. 그리고 그분이 영원한 시대들이 시작되기 전에 약속하셨다면, 그분은 그토록 긴 시간이 시작되기 전에 존재하셨던 누군가에게 약속하신 것이 분명하다. 그렇다면, 그분은 누구에게 약속하신 것일까?

언젠가 나는 청교도의 특징들을 잘 보여주는 옛 설교자 존 플라벨(John Flavel, 약 1627~1691. 잉글랜드의 청교도 장로교 목사 및 저술가)이 이사야서 53장 12절을 본문으로 했던 설교를 읽었다.

"그러므로 내가 그에게 존귀한 자와 함께 몫을 받게 하며 강한 자와 함께 탈취한 것을 나누게 하리니."

플라벨은 "이 성경 말씀에 따르면, 세상과 인간이 있기 전에 성부께서 성자와 언약을 맺으셨기 때문에 이 언약은 인간에 의존하지 않고 하나님께 의존한다"라고 말했다. 인간의 구원은 성부와 성자 사이에 맺어진 언약이었다.

미래에 대한 우리의 확실한 소망은 이 하나님께 의존한다. 우리가 보고 만지고 맛보고 냄새 맡는 것, 또는 정치인, 문명, 재정 상태 같은 것들에 의존하지 않는다.

기독교는 어떤 정치 체제뿐만 아니라 어떤 사람에게 기반을 두는 것이 아니라 오직 하나님께 기반을 둔다. 기독교는 창세 전에 뿌리를 두고 있으며, 마치 지극히 튼튼한 쇠사슬에 묶인 것처럼 하나님의 능력의 보좌에 연결되어 있다. 어떤 이들은 정치 체제들이 기독교와 나란히 설 수 있다고 말하지만, 나는 단 한 순간도 그렇게 믿지 않았다. 정치가 우리 영생의 소망을 바꾸어놓을 수는 없다.

또 어떤 이들은 기독교가 문명의 모든 것과 함께 갈 수 있다고 말한다. 그러나 문명은 소달구지를 끌던 시대로 돌아갈 수도 있고, 심지어 사라져버릴 수도 있지만, 저기 하늘나라의 어떤 것에도 변화를 일으킬 수 없다. 문명은 하나님의 언약을 바꾸어놓을 수 없다. 또한 문명은 시대들이 시작되기 전에 거룩한 언약을 통해 자신의 아들에게 약속하신 하나님께 영향을 미칠 수 없다. 우리의 아문명(亞文明, sub-civilization)이 멸망하는 일이 일어날 수는 있어도, 하나님은 우리를 실망시키지 않으실 것이다.

마이스터 에크하르트(Meister Eckhart, 1260~1327. 수도사, 독일의 신비가)는 "하나님은 새로운 것을 행하지 않으신다"라고 말했는데, 그의 이 말은 '하나님은 갑자기 또는 충동적으로 어떤 일을 행하지 않으신다'라는 뜻이다. 하나님은 성경에서 "보라 내가 새 일을 행하리니 … 내가 만물을 새롭게 하노라"(사 43:19; 계 21:5)라고 말씀하셨지만, 여기서 그분은 우리가 새로워지는 것에 대해 말씀하시는 것이다. 즉, 오직 우리의 입장에서 말씀하시는 것이다. 이 성경 말씀의 핵심적 의미는 "보라, 나는 너희가 보기에 새로운 일을 행할 것이다"라는 뜻이다. 그분은 천사의 날개가 불의 바다 옆에서 퍼덕이기 전에 그분의 영원한 아들과 언약으로 맺으신 것이 아니면 아무것도 행하지 않으신다.

만일 하나님이 오늘 당신에게 복을 주신다면, 당신의 기도에 응답하신다면, 그것은 그분이 시간이 있기 전에 약속하신 것이다. 그분이 오늘 당신을 구원하신다면, 그분은 영원한 시대들이 시작되기 전에 그분의 아들과 맺은 언약에 따라 그렇게 하시는 것이다. 그러므로 하나님은 새로운 것을 행하지 않으신다.

하나님은 그분의 뜻을 정하셨을 때 그것을 피로 봉하고 영원히 처리하셨다. 거짓말을 하실 수 없는 하나님께서는 자신을 걸고 맹세하셨다. 다른 존재를 걸고 맹세하실 수 없었기 때문이다. 우리의 기업(基業)은 그분 안에 있다.

하나님이 우리를 구원하사 거룩하신 소명으로 부르심은 우리의 행위대로 하심이 아니요 오직 자기의 뜻과 영원 전부터 그리스도 예수 안에서

우리에게 주신 은혜대로 하심이라 딤후 1:9

우리는 그리스도 안에서 그의 은혜의 풍성함을 따라 그의 피로 말미암아 속량 곧 죄 사함을 받았느니라 이는 그가 모든 지혜와 총명을 우리에게 넘치게 하사 그 뜻의 비밀을 우리에게 알리신 것이요 그의 기뻐하심을 따라 그리스도 안에서 때가 찬 경륜을 위하여 예정하신 것이니 하늘에 있는 것이나 땅에 있는 것이 다 그리스도 안에서 통일되게 하려 하심이라 모든 일을 그의 뜻의 결정대로 일하시는 이의 계획을 따라 우리가 예정을 입어 그 안에서 기업이 되었으니 이는 우리가 그리스도 안에서 전부터 바라던 그의 영광의 찬송이 되게 하려 하심이라 엡 1:7-12

이런 약속들에 대해 걱정하지 말고, 이 약속들을 주신 하나님에 대해서도 걱정하지 말라. 대신, 마땅히 사랑해야 하는 만큼 그분을 사랑하고, 당신의 본분에 합당한 삶을 살아가며, 그분의 뜻을 따르는 유익하고 충성스런 사람이 되는 데 관심을 쏟아라.

하늘에 계신 '지극히 크신 분'을 의심하면 그분을 모욕하는 것이다. 그러니 의심하지 말라. 그분은 거짓말을 하실 수 없는 하나님이시요, 시간이 시작되기 전에 영생을 약속한 하나님이시다. 그리고 그분을 믿는 우리는 그분이 영원한 시대들 이전에 그분의 아들과 맺으신 저 영원한 계약의 한 부분이다.

> 66 오, 하나님! 저는 다른 누구도 믿지 않고 오직 당신만을 믿고 의지합니다. 당신의 약속들과 관계된 많은 것들이 제 이해력의 범위를 초월하지만, 제가 받아들일 수 없는 것은 아닙니다. 제 안에 무엇이 있든 간에 저는 당신의 약속들을 받아들입니다. 당신의 은혜가 있기 때문에 저는 당신의 약속들에 따라 지금부터 영원까지 살아갈 것입니다. 99

LEAD LIKE CHRIST

PART 02

그리스도와
같은 리더로 서라

chapter 06

말씀은 설교를 통해
나타난다

자기 때에 자기의 말씀을 전도로 나타내셨으니 이 전도는 우리 구주 하

나님이 명하신 대로 내게 맡기신 것이라 딛 1:3

영적 리더십은 설교 사역에 아주 많이 의존한다. 많은 사람들이 설교가 기술이라고 생각하지만, 사실은 그렇지 않다. 물론, 당신이 어떻게 하면 최고의 설교자가 될 수 있는지를 책에서 배울 수도 있을 것이다. 그런 책들이 큰 피해를 주는 것도 아니다. 하지만 나 같으면, 세상에서 최고의 설교자가 되는 것보다는 차라리 무명의 설교자가 될지라도 그리스도의 리더십을 본받아 설교하고 싶다. 그러므로 내 관심은 남들로부터 설교를 잘한다는 소리를 듣는 것이 아니라, 그리스도께서 내가 섬기는 사람들에게로 내 설교를 통해 접근하시는가 하는 데 있다.

디도서를 연구할 때 우리가 주목해야 할 것이 하나 있다. 그것은 바울이 디도서 1장 3절에서 "자기 때에 자기의 말씀을 나타내셨으니"라고 쓸 수도 있었지만, 굳이 "자기 때에 자기의 말씀을 '전도로' 나타내셨으니"라고 썼다는 것이다. 여기에서 '전도로'라는 짧은 표현을 집어넣은 이유는 그의 전도(설교)가 우리 구주 하나님의 명령에 따라 그에게 맡겨진 사명임을 강조하기 위함이다.

평생 내게 가장 '무거운 말'로 다가온 표현을 꼽자면, 이 '전도로'(설교로)라는 말이다. 하나님께서 뜻밖에 이 표현을 사용하신 것을 볼 때, 나는 그분이 스스로 겸손한 태도를 취하셨다고 생각하게 된다. 그분이 그토록 완전한 구원의 계획을 그토록 불완전한 통로(인간)에게 맡기신 것은 그분이 얼마나 자신감으로 충만하셨는지를 보여준다. 시간이 시작되기 전에 하나님의 위격(位格, person)들의 합의를 통해 만들어진 하나님의 이 완벽한 계획은 잃어버린 인간을 되찾기 위한 계획이요, 타락 이후의 인간을 회복시키려는 계획이요, 수치스런 추방을 끝내고 다시 받아들이기 위한 계획이요, 인간에게 영생과 결국에는 불멸을 선물하기 위한 계획이다.

그런데 하나님의 법들이 엄연히 존재하고, 하나님은 언제나 하나님이시며, 그분의 본질은 불변하기 때문에 이 계획은 쉬운 계획이 아니었다. 이 계획은 도덕성 및 우주의 구조와 관계가 없을 수 없었다. 이 계획은 하늘, 땅, 눈에 보이는 모든 것들, 그리고 눈에 보이지 않는 모든 것들을 떠받치고 있는 기초들과 연관이 있었다. 하나님은 피조세계의 청사진을 만들어내기 위해 계획을 짜셔야 했고, 그 청사진에 따라 피조세계를 지으셔야 했으며, 그 다음에는 '완성된 피조세계'를 보여주셔야 했다. 그렇다! 그분은 그렇게 하셔야 했는데, 그 방법은 우리 인간의 언어 묘사를 초월하시는 하나님에게 어울리는, 무한히 완전하고 무한히 탁월한 방법이었다.

그분의 계획은 그토록 완전했다. 그런데 더 놀라운 점은 그분이 이것을 가장 불완전한 수단 중 하나인 전도(설교)를 통해 알려주신다는 것이다! 왜 설교가 불완전한가? 그것은 언어가 개입되기 때문이다. 언어가 개입되는 곳에는 언제나 불완전함이 있기 마련이다.

종교와 인간의 영혼 문제를 다룰 때 언어는 정말 심오해지지만, 그럼에도 불구하고 언제나 불완전함이 있기 마련이다. 그 이유는 단순하다. 언어는 유동체 같은 것이고 변화하는 것이기 때문이다. 선교사들이 선교지에서 그들의 메시지를 전하려고 무척 애쓸 때 좀 슬프기도 하고 웃기기도 한 일들을 겪는 이유는 전 세계에 그토록 많은 언어가 있기 때문이다. 동일한 언어를 사용하는 나라들조차 동일한 것을 표현하는 데 서로 다른 단어를 사용하기도 한다. 또 언어는 특정 지역에 맞게 발달하기 때문에 동일한 단어가 지역마다 다른 뜻으로 사용되기도 한다. 쉬운 예를 들자면, 미국인들이 "엘리베이터를 탄다"라고 말해야 할 때 잉글랜드 사람들은 "리프트(lift)를 탄다"라고 말한다.

하나님은 불완전한 지도자도 사용하신다

이제 나는 어디에서라도 일어나 진리를 선포하지 않으면 안 되는 지도자들의 어마어마한 책임을 생각하게 된다. 지극히 높으신 하나님의 메시지를 전달하는 자로서, 그들은 그분의 권세로 옷 입고 그분의 메시지를 갖고 찾아온다. 설교할 준비를 해서 몇 안 되는 신자들 앞에 서 있는 오늘날의 지극히 소박하고 지극히 가련한 설교자가 전하는 메시지는 대사(大使)의 서류가방에 담긴 최고 비밀문서와는 비교할 수 없을 정도로 엄중하고 무겁다.

그렇다! 수백 만 사람들의 미래가 하나님의 말씀을 전하는 사람들의 손에, 그리고 말씀을 전하기 위해 학생들 앞에 선 선생들의 손에 달려 있다. 학생들에게 말씀을 가르치는 것도 전도(설교)의 한 형태이다. 말씀을 전하고, 말씀을 가르치고, 장년들과 젊은이들을 교육하고, 권면하고, 그들에게 감동을 불어넣는 것도 전도(설교)의 다양한 형식들이므로 배제하지 말라.

한 사람이 생각난다. 어느 날 아침, 그는 게으름에 빠지고 머리가 아파서 "오늘은 여느 때만큼 기도하지 못하겠네. 쉬어야겠다"라고 중얼거린다. 그리고 집안 이곳저곳에서 빈둥거리지만, 이내 하나님의 영이 그의 마음을 움직이자 그는 기도하겠다고 마음먹는다. 그가 기도할 때 하나님의 빛이 그에게 비추었다. 그리하여 그날 밤 또는 그 다음 주일에 그는 밖에 나가 전도했고, 어떤 사람이 회심했다. 그 회심한 사람이 당신의 조상 중 한 사람을 회심으로 이끌었고, 당신의 조상은 당신 가문의 또 누군가를 회심으로 이끌었다. 그러다 보니 결국 당신에게까지 믿음이 이어진 것이다. 지금 당신이 그리스도인이고 당신의 가정이 기독교 가정이 된 것은 과거에 누군가 하나님의 뜻을 거역하지 않았기 때문이다.

목회라는 것은 게으른 사람이 자신의 재능을 썩히기 좋은 분야가 될 수도 있다. 옆에서 그를 감독하는 사람이 없기 때문이다. 그는 정오까지 잠을 자도 된다. 만일 오전 10시에 전화벨이 울린다면, 얼른 일어나 목소리를 가다듬고 전화를 받으면 된다. 마치 그 전부터 깨어 있었던 것처럼. 그러나 하나님께서 그분의 손을 머리에 얹어주신 사람이 어찌 게을러질 수 있는가? 그분이 설교라는 불완전한 수단을 통해 그분의 완전한 계획을 실행에 옮기실 정도까지 스스로를 낮추셨다는 것을 생각하는 사람이 어찌 게을러질 수 있는가? 큰 책임을 지고 있는 기독교 지도자들이 어찌 게으름에 빠질 수 있는가? 어떻게 해이해질 수 있는가? 그런데 실제로 그런 지도자들이 일부 있다!

하나님께 받은 메시지를 전하는 일을 하는 사람이 어떻게 겁쟁이가 될 수 있겠는가? 그러나 어떤 설교자들은 그분의 메시지와 진리를 전해 놓고, 그 후에 꼬리를 내리면서 교인들에게 "여러분에게 불쾌감을 주려고 했던 것은 아닙니다"라고 말한다. 물론 설교자도 사과할 것이 있으면 사과해야 한다. 설교자도 그리스도인이기 때문에 만일 누군가의 마음을 상하게 했다면 마땅히 사과해야 한다. 그러나 하나님의 메시지와 진리에 대해 꼬리를 내려서는 안 된다.

그리고 설교자들 중에는 탐욕스런 사람도 있는데, 나는 이런 사람을 정말 이해할 수 없다. 이런 설교자는 교회의 재정부가 그에게 얼마의 사례비를 제시하느냐에 따라 설교를 할 것인지 말 것인지를 결정한다. 우리는 "인자야 내가 너를 이스라엘 족속의 파수꾼으로 세웠으니 너는 내 입의 말을 듣고 나를 대신하여 그들을 깨우치라"(겔 3:17)라는 에스겔서의 말씀에 귀를 기울여야 한다. 이것이 얼마나 무서운 말씀인지를 생각하라! 그런데 불행하게도 우리는, 거룩한 생각들을 하고도 감히 그것들에다가 돈과 인기와 사람들의 평판을 섞어버린다!

듣는 사람에게도 책임이 있다

우리가 또 생각해보아야 할 것은 듣는 자에게도 엄청난 책임이 있다는 것이다. 왜 그런가? 한 가지 이유를 들자면, 그가 듣는 메시지를 보낸 분 때문이다! 성경의 여러 곳에서 하나님은 '지극히 높으신 하나님', '인자'(人子), '내가 이렇게 말했다'라는 말씀이나 '내가 이렇게 말했다고 그들에게 가서 전하라'와 같은 말씀을 많이 하신다.

듣는 자는 심지어 복음의 기초적인 것들 때문에도 책임을 면할 수 없다. 목사가 축도를 했다고 해서 설교가 끝난 것은 아님을 기억하라. 듣는 자가 메시지를 깨달아 자기의 것으로 만들어가는 일이 설교자가 "그리고 끝으로 …, 아멘"이라고 말하는 순간에 끝나는 것은 아니다. 설교를 듣다가 잠을 잘 수도 있다. 실제로 그런 사람들이 있다. 설교를 듣다가 비웃을 수도 있다. 실제로 그런 이들이 있다. 설교를 듣다가 반발할 수도 있다. 사실 어떤 이들은 그렇게 한다. 그러므로 모든 이들은 분명히 '그 큰 날에' 책임을 추궁 당하게 될 것이다.

우리가 영원의 자녀들이라는 것을 당신은 아는가? 이 땅에서 태어난 우리 모두가 한 번은 죽는다는 것을 아는가? 우리는 천국 아니면 지옥에서 다시 깨어나 그곳의 현실을 마주 대해야 한다.

하나님은 에스겔에게 "네가 악인을 깨우치되 그가 그의 악한 마음과 악한 행위에서 돌이키지 아니하면 그는 그의 죄악 중에서 죽으려니와 너는 네 생명을 보존하리라"(겔 3:19)라고 말씀하셨다. 에스겔은 하나님의 명령이 얼마나 엄중한 것인지를 알았고, 악인들이 그들의 죄악 중에서 죽을 것임을 알았다.

또한 하나님은 에스겔에게 "그러나 네가 그 의인을 깨우쳐 범죄하지 아니하게 함으로 그가 범죄하지 아니하면 정녕 살리니 이는 깨우침을 받음이며 너도 네 영혼을 보존하리라"(겔 3:21)라고 말씀하셨다.

그러므로 이제 생각을 정리해보자. 설교자와 청중은 동전의 양면 같은 관계에 있다고 볼 수 있다. 설교자에게는 진리를 전해야 할 책임이 있고, 청중에게는 그것을 들어야 할 책임이 있다.

하나님이여, 자비를 베푸소서!

나는 "하나님이여, 자비를 베푸소서!"라고 기도한다. 나는 그분이 실패하는 설교자들을 불쌍히 여기시기를 바란다. 하나님께 선지자로 부름을 받았으면서도 사람의 영혼보다 자기의 가족과 자동차와 급여를 더 중요하게 여기는 사람에게 그분의 자비가 임하기를 바란다. 나중에 높은 자리에 있는 사람들에게 지적당할까 봐 두려워서, 또는 사람들로부터 "저 사람은 좀 이상한 교리를 주장한다"라는 말을 들을까 봐 두려워서 소위 '불편한 교리들'은 빼고 말씀을 전하는 저 겁쟁이 설교자에게 하나님의 자비가 임하기를 기도한다.

특별히 나는 청년들을 격려하고 싶다. 지금까지는 어떠했을지라도 이제부터 앞으로 잘 해나간다면, 어떤 이들에게 고통을 줄 수도 있는 여러분에 대한 과거의 나쁜 평판이 사라질 것이고, 성령이 당신에게 임하실 것이며, 당신은 복을 받고 다른 사람들을 축복할 것이고, 점점 더 많은 사람들이 당신에게 설교를 부탁하고 당신의 지도를 구할 것이다. 그러면 전에 당신의 길을 가로막으려고 하던 사람들이 더 이상 그렇게 하지 못할 것이고, 오히려 당신을 받아들이고 당신의 등을 두드려주며 "내 견해가 당신의 견해와 완전히 똑같은 것은 아니지만, 아무튼 계속 밀고 나가십시오"라고 말할 것이다.

나는 하나님께서 실패하는 설교자들에게 자비를 베푸시기를 바란다. 우리가 낭비했던 시간들, 우리가 잘못 사용했던 시간들이 생각난다. 열일곱 살에 하나님께 부름 받았던 사람으로서 지금 생각해보니, 내가 참으로 많은 시간을 낭비했다고 느껴진다. '내가 하나님께 순종했더라면, 지금 이토록 형편없는 설교자가 되어 있지는 않을 텐데' 하는 생각이 든다.

끝으로 나는 이렇게 기도드린다.

"하나님, 자신의 책임을 인정하지 않고 당신의 복음의 감화력에 저항하는 청중을 불쌍히 여기소서!"

>> 오! 하나님, 당신을 찬양합니다. 당신의 말씀이 설교를 통해 나타났기 때문입니다. 감사하게도, 당신의 말씀은 제 설

교 기술에만 의존하지 않고, 오히려 제 설교를 통해 일하시는 성령께 의존합니다. 중요한 것은 제 설교가 아니라 설교를 통해 나타나시는 당신입니다. 제 설교가 당신의 임재만을 드러내게 하소서."

chapter 07

성경이 가르치는 질서를
배우라

같은 믿음을 따라 나의 참 아들 된 디도에게 편지하노니 하나님 아버지
와 그리스도 예수 우리 구주로부터 은혜와 평강이 네게 있을지어다 내
가 너를 그레데에 남겨 둔 이유는 남은 일을 정리하고 내가 명한 대로
각 성에 장로들을 세우게 하려 함이니 딛 1:4,5

우리가 계속 그리스도와 같이 지도하기 위해서는 성경적 질
서를 이해해야 한다. 그분은 이 땅에서 일하실 때 성경적 질서
에 어긋나게 행하지 않으셨다. 오히려 그런 질서를 위한 기초
를 놓아주셨다.

바울은 그런 성경적 질서가 무엇인지에 대해, 또 우리가 그
리스도와 같은 리더십을 행사할 때 그 질서를 어떻게 사용해
야 하는지에 대해 우리에게 큰 윤곽을 그려준다. 우리가 생각
해낸 방법들을 사용하면서 일을 처리해나가는 것은 잘못이

다. 우리는 성경이 우리를 위해 이미 정해놓은 것들에 따라 일해야 한다.

그러면서 기본적인 진리들 또는 누구나 다 아는 진리들을 가르치는 것에 머물러서는 안 되고, 그것들을 기초로 삼아 더 깊은 것들을 가르쳐나가야 한다. 성경은 여러 가지 명백한 것들을 가르치는데, 이에 대해 나는 다음과 같이 말하고 싶다.

"명백한 교리들을 어떻게 더 심화시켜야 할지를 알지 못하는 무능력 때문에 거짓 교리들이 생겨난다. 거짓 교리들이 100퍼센트 그런 무능력 때문에 생기는 것은 아니겠지만, 상당 부분은 그런 무능력 때문에 생긴다."

만일 당신이 어떤 설교를 듣고 "저 설교가 진리인 것을 부인하지는 않지만, 저 설교는 내게 아무런 유익을 주지 못했다. 따분한 설교였다"라고 중얼거리게 된다면, 그 설교자는 거의 누구나 알고 있는 것들을 다시 얘기한 것에 불과하다. 그 설교자는 설명할 필요가 없는 것들을 설명한 것이고, 이미 개간되어 있는 땅을 다시 힘들게 개간한 것에 불과하다.

이런 잘못에 대해 경고한 사람이 바로 히브리서 기자다. 그는 "우리가 그리스도의 도의 초보를 버리고 죽은 행실을 회개함과 하나님께 대한 신앙과 세례들과 안수와 죽은 자의 부활과 영원한 심판에 관한 교훈의 터를 다시 닦지 말고 완전한 데로 나아갈지니라"(히 6:1,2)라고 말한다. 모두가 이미 알고 있는 것을 거듭, 거듭, 거듭 반복해서 가르친다면, 거기에는 발전이 있을 수 없다!

같은 믿음

바울은 디도서의 서두에서 디도를 가리켜 "같은 믿음을 따라 나의 참 아들 된 디도"(딛 1:4)라고 불렀다. 여기서 바울이 말한 '같은 믿음'(common faith)이 무슨 뜻인지 궁금할 수도 있다. '같은'으로 번역된 '커먼'(common)이라는 단어가 항상 긍정적인 의미로만 사용되지는 않기 때문이다.

우리는 '커먼 브레드'(common bread), 즉 '평소에 먹는 빵'이라는 말을 사용한다. 그리고 '일상적인 것을 보는 것'을 가리켜 '커먼 사이트'(common sight), 즉 '평소에 보는 것'이라고 말한다. 바울은 '흔히 일어나는 시험들'에 대해 '커먼 템프테이션즈'(common temptations)라고 말한다(고전 10:13). 예수님이 빌라도와 대면하신 후 군병들이 그분을 데리고 관정(官庭) 안으로 들어갔는데(마 27:27), 여기서 '관정'이 '커먼 홀'(common hall), 즉 '공공의 홀'이라고 표현된다. 이런 경우들에서는 '커먼'이 '탁월한' 또는 '독특한'이라는 말과 반대의 뜻으로 사용되었다. 그럼에도 불구하고 바울이 다른 방향에서 접근하여 조상들의 믿음을 가리키는 데 '커먼'이라는 말을 사용한 것은 우리에게 궁금증을 불러일으킨다.

하지만, 이렇게 쉽게 알 수 있는 의미들이 '커먼'의 뜻의 전부라고 생각해서는 안 된다. '커먼'에는 여러 가지 의미가 있기 때문이다.

'커먼'에는 '누구에게나 개방된' 또는 '특정 그룹이 함께 나누는'이라는 뜻도 있다. 예를 들어, 잉글랜드와 웨일스의 시골 공동체에는 '커먼'이라는 곳이 있는데, 이곳은 어떤 특정인의 소유가 아니라 모든 이들이 공유하는 땅이다. 또 길거리를 걸어가다 보면 누구나 사용할 수 있는 인도가 있고, 공원에 가 보면 그곳이 모든 이들의 공동 소유임을 알게 될 것이다. 여기서 우리는 '커먼'의 한 가지 의미를 알게 되는데, 그것은 '누구에게나 개방된'이라는 뜻이다.

유다서 1장 3절이 언급하는 "일반으로 받은 구원"(common salvation)도 어떤 소수의 무리에 국한되지 않고 모든 이들에게 개방된 구원이라는 뜻이다.

'커먼'의 또 다른 의미가 있는데, 그것은 '특정 그룹이 함께 나누는'이라는 뜻이다. 어떤 부부에게 남자아기가 있었는데, 불행하게도 그 아기가 태어난 지 몇 달 지나지 않아 죽었다고 가정해보자. 그럴 때 그 부부가 "우리는 같은 슬픔을 함께 나눕니다"라고 말하는 것은 전혀 이상한 일이 아니다. 다른 어떤 사람도 그 부부만큼의 슬픔을 느끼지는 못할 것이다. 만일 후에 그 부부에게 아기가 태어난다면, 그들은 "이 여자아이를 기뻐하는 마음은 우리 부부가 똑같습니다"라고 말할 것이다.

이 부부의 경우에 사용된 '커먼'의 의미는 '같은 믿음'(common faith)이라는 바울의 표현에 담긴 의미다. '같은 믿음'은 모든 이들이 함께 나누는 믿음이 아니라 특정 그룹의 사람들이 함께 나누는 믿음을 가리킨다.

조직화의 필요성

바울은 디도에게 보내는 편지에서 다음과 같이 말을 계속 이어간다.

"내가 너를 그레데에 남겨 둔 이유는"(딛 1:5).

그레데는 헬라에서 큰 다섯 섬들 중 하나였고, 나머지 넷은 시실리, 코르시카, 사르디니아 그리고 구브로였다. 바울이 디도를 그레데에 남기고자 했던 것은 교회를 위해 장로들을 세우게 하기 위함이었다. 초기의 교부들도 그들 사역의 다른 부분들을 맡아서 처리해준 지도자들을 구했다. 아래의 성경 구절에 의하면, 사도들은 과부들을 도와줄 최고 적임자들을 선택해달라고 교인들에게 부탁했다.

> 열두 사도가 모든 제자를 불러 이르되 우리가 하나님의 말씀을 제쳐놓고 접대를 일삼는 것이 마땅하지 아니하니 형제들아 너희 가운데서 성령과 지혜가 충만하여 칭찬 받는 사람 일곱을 택하라 우리가 이 일을 그들에게 맡기고 행 6:2,3

불과 두세 사람이 주님의 이름으로 모일 때에는 조직화의 필요성이 없었다. 하지만 굉장히 많은 신자들이 생기자 어떤 식으로든 조직이 필요했는데, 이에 대해 베드로는 이렇게 말한다.

> 너희 중 장로들에게 권하노니 나는 함께 장로 된 자요 그리스도의 고난의 증인이요 나타날 영광에 참여할 자니라 너희 중에 있는 하나님의 양무리를 치되 억지로 하지 말고 하나님의 뜻을 따라 자원함으로 하며 더러운 이득을 위하여 하지 말고 기꺼이하며 맡은 자들에게 주장하는 자세를 하지 말고 양 무리의 본이 되라 벧전 5:1-3

그리스도인들이 모인다면, 어떤 무리든 간에 어떤 식으로든 조직이 작동해야 한다. 그렇지 않으면 질서가 없고 혼란과 헛수고가 따르게 된다. 이것을 보여주는 좋은 예가 고린도전서 12장에 나오는데, 이 장에서 바울은 교회를 몸에 비유한다. 우리의 뇌는 신경에게 의사를 전달해야 하고, 신경은 근육에게 다시 그것을 전해야 하며, 근육은 관절과 협력해야 한다. 바로 이런 식으로 모든 것들이 함께 일해야 한다. 그와 마찬가지로, 그리스도의 교회가 일을 하려면 조직화되어야 한다.

신약 시대를 살아가는 교회로서 참된 교회가 되려면 거기에는 직무, 권위 그리고 순종이 있어야 한다. 우리는 그리스도인으로서 마땅히 이를 인정할 준비가 되어 있어야 하고, 또 인정할 의지가 있어야 한다. 성경이 그렇게 가르치기 때문이다. 만일 어떤 교회가 조직화되어 있지 않다면, 나는 그런 교회를 불쌍히 여길 수밖에 없다.

우리는 성령님의 인도를 받아야 한다

선한 사람들도 때로 해서는 안 될 말을 하기도 한다. 19세기 영국의 설교자 찰스 스펄전에게 어떤 사람이 "스펄전 씨, 혹시 안수를 받으셨나요?"라고 물었다. 이 질문에 스펄전이

"아닙니다. 그 누구도 내 텅 빈 머리 위에 그의 텅 빈 손을 얹은 적이 없습니다"라고 대답했다고 한다. 스펄전은 안수를 거부했는데, 그 결과 평신도주의가 복음주의교회에 널리 퍼지게 되었다.

그렇지만 성경은 성경적 질서에 대해 분명한 입장을 취한다. 사도행전 6장을 다시 보자. "칭찬 받는 사람 일곱"(행 6:3)은 사도들이 기도하고 손을 얹어 그들을 사역자로 임명한 후에 비로소 사역을 시작했다(행 6:3-6). 하나님은 교회를 독재적으로 다스릴 수 있는 권세를 그 누구에게도 주시지 않는다.

물론 하나님은 어떤 사람에게 지위를 주시고, 그 지위에 맞는 영적 권세를 주신다. 그리고 참된 하나님의 교회라면, 그 권세를 인정할 것이다. 그렇다고 해서 그 사람이 독단적으로 결정하고, 모든 이들의 생활을 통제하며, 일방적으로 지시할 권세까지 받은 것은 아니다. 절대 아니다!

베드로는 장로들이 감독자로 섬겨야 하지만 "맡은 자들에게 주장하는 자세를 하지 말고 양 무리의 본이 되라"(벧전 5:3)라고 가르친다. 장로들은 무리에게 명령하는 부사관(副士官)처럼 되어서는 안 되고 목자가 되어야 한다. 우리에게 명령하는 사람들이 아니라 우리를 인도하는 사람들이 선한 지도자들이다. 명령과 인도는 분명히 다르다.

목회자는 고용된 사람이 아니다. 그는 지도자의 직무를 감당하기 위해 하나님께 임명받은 사람으로, 어디까지나 무리 중 한 사람이다. 그가 주님을 따르듯이 양 떼는 그를 따른다. 목회자가 어떤 당회원의 지시에 따라 고용되기도 하고 해고되기도 하는 사람이라고 생각하지 말라.

우리에게 절박하게 필요한 것은 올바른 지도다. 그런데 지금 우리는 성령의 지도를 받지 못하고 있다. 우리는 지방자치단체의 청사에서나 사용되는 지도 방법밖에 모르기 때문에 온갖 종류의 새로운 계획들과 방법들에 의존한다. 하나님의 양 떼인 교인들에게는 교회의 체계를 잡아줄 사람들을 선택할 수 있는 권리가 있다. 그런데 우리가 명심해야 할 것은 크고 전능하신 하나님이 어떤 사람을 세우지 않으셨다면, 그가 아무리 자주 선출된다 할지라도 장로가 아니라는 것이다.

교회가 제대로 작동하기 위해서는 그리스도를 닮은 리더십, 교제, 협력 그리고 질서가 필요하다. 모든 이들이 그들의 몫을 자발적으로 행하게 만들어 모두가 함께 일하는 것은 아주 바람직한 일이다. 하나님의 영이 계신 곳에는 어려움이 없을 것이라고 나는 믿는다. 어려움이 생기는 것은 사람들의 육신적인 생각이 끼어들기 때문이다.

18세기 영국의 저술가 사무엘 존슨(Samuel Johnson, 1709~1784. 영국의 시인 및 평론가)이 언젠가 던진 한 마디 말은 성령의 감동 없이 인간의 입에서 나온 지혜롭고 통찰력 있는 말들 중 하나였다. 어느 날 문인클럽의 모임에 참석한 그는 가만히 앉아 참석자들의 대화를 듣고 있었다. 그들은 하늘과 땅의 모든 것들에 대해 대화를 나누고 있었다. 너무 고상해서 그들이 토론할 수 없는 것도 없었고, 너무 미천해서 그들이 기피하는 주제도 없었다. 그들은 오늘날의 사람들처럼 그냥 빈둥거리며 재담이나 농담을 늘어놓는 것이 아니라, 학문적 깊이가 있는 이야기를 나누었다. 그러던 중 존슨 박사의 입에서 튀어나온 한 마디 말은 나를 비롯한 모든 시대의 사람들의 머리에 남을 만한 명언이었다.

"내가 이제까지 관찰한 바에 따르면, 어떤 형태의 정부가 나라를 다스리느냐 하는 것은 거의 중요하지 않습니다. 정부의 지도자가 정의로울 때에만 국민이 행복할 것입니다."

우리가 이 말의 의미를 이해하고, 또 어떤 희생을 치르더라도 이 말의 교훈에 따라 행한다면, 그리스도께 영광을 돌리고 그분 같은 리더십을 발휘하게 될 것이다.

"오! 주 예수님, 당신을 찬양합니다. 이는 당신이 교회의 머리로서 책임자이시기 때문입니다. 제 사역이 잘 풀려나갈 때에도 제가 당신의 권세에 복종하도록 도우소서. 영원히 당신의 일을 이루시려는 당신의 소원에 따라 저를 사용하여 주소서."

chapter 08

삶은 열매로
드러난다

감독은 하나님의 청지기로서 책망할 것이 없고 딛 1:7

우리가 그리스도와 같은 리더십을 발휘할 때 얻을 수 있는
열매는 '그분의 성품과 본성을 드러내는 교회'이다. 그분처럼
리더십을 발휘하기 위해 우리가 해야 할 일은 신자들이 그들의
삶에서 하나님의 놀라운 은혜를 드러내도록 그들을 훈련하는
것이다. 그리스도의 인도를 받는 교회는 문화를 드러내지 않
을 것이고, 오히려 언제나 그분의 모든 영광을 드러낼 것이다.

지금 우리는 신약의 교회가 시작된 지 여러 세기가 흐른 후
에 살고 있다. 그동안 댐을 넘어 흘러간 물이 측량할 수 없을
정도로 많을 것이고, 황무지를 스쳐간 바람도 헤아릴 수 없을
만큼 많을 것이다. 여러 세기가 흘러오는 동안, 자신의 존재를
교회에 각인(刻印)시킨 독재자들도 여럿 있었다. 아무튼, 오

늘날 감독과 장로와 집사에 대한 우리의 견해는 서로 다르다. 이런 직분들에 대해 신약성경이 아주 명확한 개념을 가르쳐주지는 않기 때문이다. 신약은 원리들을 제시하면서도, 그 원리들을 어떻게 실행해야 할 것인지는 교회에게 맡긴다.

바울은 감독을 하나님의 청지기라고 부르면서, 감독은 책망할 것이 없는 사람이어야 한다고 말한다. '책망할 것이 없다'라는 것은 여러 가지 미덕들 중 하나가 아니라, 여러 미덕들이 종합된 상태를 가리킨다. 즉, 바울은 감독에게 책망할 것이 없어야 한다고 먼저 말한 다음에 "내가 말하는 '책망할 것이 없다'라는 것은 이런 것이다"라고 설명해준다. 이는 바울이 자신의 주장을 펴는 방법이었다.

책망할 것이 없다는 것

"감독은 하나님의 청지기로서 책망할 것이 없어야 한다"라고 했을 때, 바울은 무슨 말을 하고 싶었던 것일까? 사실, 여기서 바울은 단지 감독에 대해서만 말하는 것이 아니라, 교회에서 직책을 맡고 있는 모든 이들에 대해 말하는 것이다. 또한 그들에게 적용되어야 할 규범은 모든 하나님의 자녀들에게도 적용되어야 한다. 하나님은 이중 잣대를 갖고 계시지 않는다.

하나님은 그분의 백성 모두가 거룩하기를 원하신다. 여기서 바울이 장로에 대해 말하는 모든 것은 가장 최근에 회심한 사람에게도 적용되어야 한다. 즉, 그 회심자의 영성이 발전하고 성장하기 시작하는 즉시 그에게 적용되어야 한다. 그를 위한 기준이 여기에서 바울에 의해 제시된 것이다.

당신이 교회에서 어떤 직책을 맡고 있느냐 하는 것은 중요하지 않다. 만일 당신이 교회의 어떤 부서에서든 간에 그 부서의 책임자로 있다면, 이 모든 것이 당신에게 적용된다. 그리고 이 모든 것이 참 그리스도인들 모두에게 갖는 도덕적 의미도 당신에게 적용된다.

사도 바울이 본문에서 언급한 이 사람에게 요구되는 첫 번째 조건은 그가 한 아내의 남편이어야 한다는 것이다. 그는 일부일처제를 지켜야 하기에 여러 명의 아내를 두어서는 안 된다. 사도 바울 당시 세상의 여러 지역에서는 일부다처제를 시행했다. 지금도 그런 지역들이 있지만, 그래서는 안 된다는 것이다. 당시 국적과 철학과 종교의 용광로였던 그레데에서는 아내를 버리고 다른 아내를 얻어 사는 일이 흔했으며, 또 용납되었다. 여기서 바울이 주는 교훈의 핵심은 '그리스도인들은 그레데인들의 어떤 도덕 기준보다 더 높은 도덕 기준을 가르친다'라는 것이다. 그는 이것을 강요한 것이 아니라, 하나의 규칙으로 제시했다. 교회 안에서 어떤 일을 맡았든 간에 교회의 모든 지도자들은 '하나님과 신앙 원칙과 교인들에게 부끄럽지 않은 사람이 되려면, 내가 아내를 두는 문제에서 올바르게 처신해야 한다'라는 깨달음에 이르러야 한다. 그래야 많은 교인들 앞에서 모범을 보일 수 있다.

또한 바울은 장로들이 단정한 가정을 꾸려야 한다고 가르친다. 바울에 의하면 "[장로는] 방탕하다는 비난을 받거나 불순종하는 일이 없는 믿는 자녀를 둔 자"(딛 1:6)여야 한다. 그런데 바울의 교훈에 대해 너무 예민하게 반응하는 어떤 이들은 '교회의 지도자가 될지도 모르는 사람의 가족이 아직 회심하지 못했다면, 그는 교회를 섬길 자격이 없다'라고 생각하기도 했다. 그러나 바울의 이 교훈을 그런 식으로 해석해서는 안 된다. 내가 볼 때, 이 교훈은 '교회에서 직책을 맡은 사람이 가정을 단정하게 이끌지 못해서 그의 자녀들이 아무 때나 집을 들락거리며 술 마시고 담배 피고 시끄럽게 떠든다는 소문이 있어서는 안 된다'라는 정도로 해석되어야 한다.

그리스도인의 가정은 단정하게 생활할 수 있는 곳이어야 한다. 당신의 자녀들을 모두 거듭나게 만들 수는 없다 할지라도 적어도 그들에게 다음과 같이 말해야 한다(이 말은 내가 자녀들에게 백 번이나 했던 말이다).

"너희는 이것을 잊지 말아라. 우리 가정에는 나름대로 규칙들이 있으니, 너희가 이 가정의 울타리 안에 있는 한 그 규칙들을 따라야 한다. 우리 가정의 울타리 안에서는 해서는 안 되는 것들이 몇 가지 있다."

바로 이런 의미가 여기 바울의 교훈 안에 담겨 있다고 나는 믿는다.

만일 어떤 교회의 장로가 그 가정에 대한 통제를 완전히 상실했다고 하자. 그렇다면 비록 그가 가족 문제로 오랫동안 울며 기도한 선한 사람이라 할지라도, 교회에서 지도자의 위치에 있어서는 안 된다. 사람들이 그의 가족을 보고 그를 판단할 가능성이 높기 때문이다. 킹 제임스 성경에서는 디도서 1장 6절이 "떠들며 지나치게 먹고 마시거나 또는 통제하기 힘들다 하는 비난을 받는 일이 없는 믿는 자녀를 둔 자라야 할지라"라고 번역되어 있다. 그가 자녀들의 마음속에서 일어나는 것들까지 통제할 수는 없을지라도, 그의 집에서 일어나는 일들은 통제할 수 있다.

자기의 집안을 제대로 다스려나갈 수 있는 담대함이 없는 사람에게는 교회의 지도자에게 요구되는 담대함도 없는 것이다. 교회에서 지도자로 일하려면, 다른 이들의 어려움을 헤아릴 줄 아는 부드러운 영성이 있어야 할 뿐만 아니라 '예스'나 '노'를 분명히 하는 단호함도 있어야 한다.

겸손한 마음으로 다른 이들과 협력할 수 있어야 한다

영적 지도자들에게 요구되는 세 번째 사항은 고집스럽지 않아야 한다는 것이다. 즉, 교회가 쪼개지는 한이 있더라도 무조건 자기 뜻대로 고집스럽게 밀고 나가려는 사람은 교회의 지도자가 되면 안 된다는 것이다. 독불장군식으로 교회의 일은 하는 것은 지혜롭지 못하다. 전혀 지혜롭지 못하다! 그럼에도 불구하고 어떤 이들은 다른 것들에는 아랑곳하지 않고 자기의 고집만을 내세운다.

그런 사람을 가리키는 표현이 과거 우리의 농장에서 사용되었는데, 그것은 '황소고집'이라는 말이었다. 황소고집이 설교단에 서면 안 된다. 내가 볼 때, 역사상 최고의 황소고집 중 하나는 마르틴 루터였는데, 그는 그런 성격을 극복해야 했다. 그는 "옛날의 루터는 죽었고, 주님이 내 안에 사신다"라고 말할 수 있을 정도까지 바뀌어야 했다. 그는 성격 자체가 아주

고집이 센 사람이었지만, 그럼에도 불구하고 그는 자신을 낮추고 다른 이들과 협력해 일하는 법을 배워야 했다.

사실, 나는 내 성격에 맞지 않는 사역을 평생 해왔다고 말할 수 있다. 나는 기질적으로 다른 사람의 명령을 받는 것을 싫어한다. 다른 사람과 잘 맞추어 원만하게 풀어나가는 것을 힘들어 한다. 그럼에도 불구하고 나는 협력하며 원만하게 살아야 한다는 영적 확신 때문에 그렇게 살고 있다. 잉글랜드 사람인 아버지는 고집스럽고 매우 독립적인 성격이었기에 농장을 떠나 도시로 와서 일할 때 자신의 직속 상관을 몹시 언짢게 여기셨다. 아버지의 그런 감정은 세상을 떠날 때까지 계속되었다. 그 상관이 아버지에게 이래라저래라 지시했기 때문이다. 아버지는 다른 사람이 무시하면서 함부로 대하는 것을 참지 못하셨다.

나도 아버지를 닮았다. 그러나 교리와 성령과 성경의 교훈은 내가 언제나 내 뜻대로만 살아서는 안 된다고 가르친다. 내 제안이 때때로 투표에서 부결되기도 할 것이며, 내 의견이 때로는 압도적으로 무시당하기도 할 것이다. 주께서 그런 일을 허락하시는 것은 나를 겸손하게 하시기 위함이다.

그러므로 우리는 고집스러운 사람이 되어서는 안 된다. 고집스런 주일학교 교장은 그의 선생들과, 고집스런 선생은 그의 학생들과 원만하게 지내지 못할 것이다. 고집스런 집사도 그 누구와 사이좋게 지내지 못할 것이다.

디도서 1장 7절에서 또한 바울은 지도자가 급히 분내서는 안 된다고 말한다. 급히 분내는 것은 결코 정당화될 수 없다. 자기의 나쁜 성격을 가족이나 문화의 탓으로 돌리는 사람은 없어야 한다. 만일 당신이 화를 잘 낸다면, 그것은 당신 인격의 결점이다. 하나님께 나아가 그분께 해결을 받아라. 그분이 그것을 고쳐주실 때까지 기도하고, 그분 앞에서 울라.

그런데 화를 잘 내는 사람이 온유한 성격으로 바뀌는 일이 단시일 내에 이루어지지는 않는다. 그는 자신의 성격을 순화시키고 하나님께 맡겨드려야 한다. 그렇게 하면, 과거 같으면 쉽게 폭발했을 성격이 바뀌어 내적으로 단단한 성격이 되고, 의를 사랑하고 악을 미워하게 될 것이다. 그렇게 되면, 오히려 더 강한 사람이 되는 것이다. 그러나 아주 못된 기질이 그의 성격 안에 있다면 그의 성격은 더 악해질 것이다. 악한 성격은 언제나 나쁜 것이다. 이런 경우는 변명의 여지가 없다. 성격이 나쁜 사람은 교회의 어떤 직책에도 선출될 권리가 없다.

또한 장로들은 술을 즐기면 안 된다. 이에 대해서는 더 이상 강조할 필요조차 없다고 생각한다. 술을 즐기는 것이 영적 리더십의 한 부분이 될 수는 없다. 포도주를 마시는 것이 형제를 넘어지게 한다면, 내가 왜 포도주를 마시겠는가?

지도자는 또한 폭력을 쓰면 안 된다. 킹 제임스 성경은 지도자가 '주먹을 휘두르는 사람'(striker)이 되어서는 안 된다고 말한다. 이 말을 들으면 웃음부터 나올지 모르겠지만, 지금 바울이 어떤 이들을 염두에 두고 편지를 쓰는지 생각해보라. 바로 그레데인들이 아닌가? 그 당시 일부 그레데인들은 자신의 목적을 달성하기 위해 주먹을 사용한 것이 분명하다. 여기 바울의 글에 나오는 '스트라이커'(striker)는 주먹질하는 사람을 가리키는 것이지, 근로자들이 때때로 벌이는 파업(striking)과는 아무런 관계가 없다. 다시 말하지만, 바울의 글에서 스트라이크는 주먹을 사용해서 상대를 때리는 것을 의미한다. 늙은 집사가 다른 사람으로 하여금 자기의 뜻대로 행하게 하려고 시도했다가 그 사람이 말을 잘 듣지 않자 그 사람을 때린다고 상상해보자. 얼마나 웃기겠는가! 상대방에게 자기의 뜻을 강요하려고 구타하는 것을 잘못이다. 교인들에게 순종을 가르치려고 할 때 교회에게는 때리는 것 외에 다른 방법들이 있다.

돈과 환대

바울은 또한 장로들이 돈을 탐해서는 안 된다고 말한다. "더러운 이득을 탐하지 아니하며"(딛 1:7)가 킹 제임스 성경에서는 '더럽고 부정한 부(富)를 추구하지 아니하며'라고 번역되어 있다.

바울이 '돈'이라고 말할 때, 이 단어가 그의 입에서 약간은 쉽게 흘러나왔을 것이라고 생각된다. 그에게는 돈이 없었다. '돈'과 '더러운 돈'은 서로 다른 것이다. 물론 부(富)는 이득을 의미하고, 더러운 부는 부정한 방법으로 얻은 이득을 의미하거나, 지나치게 부를 사랑하여 결과적으로 더럽게 된 이득을 의미한다. 그러므로, 돈에 대한 우리의 태도가 돈을 더럽게 만들었을 때 돈은 더러운 것이 된다. 한편, 바울은 돈을 어떻게 사용해야 할지에 대해서도 가르친다. 고린도전서 16장 2,3절에서 그는 "매주 첫날에 너희 각 사람이 번 돈을 모아두어서 하나님께 드리면, 그 돈이 어려운 사람들에게 전달될 것이다"라는 취지로 말한다.

장로의 자격을 갖추려면 또한 나그네를 대접할 줄 알아야 한다. 교회는 교회 주변의 지역들에게 모범을 보여야 한다. 교회는 주변 지역의 모습과 똑같은 모습을 보여서는 안 된다.

또한, 그 교회가 살고 있는 시대의 도덕적 모습과 똑같은 모습을 보여서도 안 된다. 교회는 도덕적인 면에서 동시대와 달라야 한다. 마치 예수 그리스도께서 로마와 다르셨던 것처럼 말이다. 교회는 구별된 백성이어야 한다. 우리 모두는 온유하고, 점잖고, 조용하고, 친절하고, 후히 베푸는 사람들이 되어 세상 사람들과 구별되어야 한다. 그러면 우리 주변의 세상은 우리가 어떤 사람들인지 알게 될 것이고, 교회라는 별은 세상의 어두움과 대조되어 그만큼 더 밝게 빛날 것이다.

우리는 바로 그런 교회가 되어야 한다. 최근에 회심한 사람부터 존경받는 연로한 장로에 이르기까지 모두 그렇게 되어야 한다. 사람들이 우리의 삶을 보고 우리에게 손가락질하며 "나는 당신들 같은 삶을 살기 싫소!"라고 말해서는 안 된다. 만일 당신이 삶에 기독교라는 가면을 씌워 위장한다면, 당신에게는 부흥이 필요하다. 당신에게 부흥이 일어나야 한다! 진정으로! 아주 빨리!

우리는 어디를 가든지, 완전히 깨끗하고 투명한 삶을 살아야 한다. 버스에서든, 기차에서든, 직장에서든, 어디에서든 그래야 한다. 그러면 우리가 신앙에 대해 누군가와 대화를 나누게 될 때, 우리의 삶을 간증의 소재로 삼는 것이 전혀 두렵지 않을 것이다.

우리가 행하는 모든 것들에서 항상 그리스도의 가치들이 우리의 리더십을 통해 나타나야 한다. 그리고 우리는 우리가 섬기는 신자들을 훈련시켜서, 그들의 삶에서도 그들의 리더십을 통해 그분의 가치들이 나타나게 해야 한다. 그리스도와 같은 리더십을 발휘하는 일은 언제나 그분께 초점을 맞추고, 언제나 그분 안에서 끝을 맺는다.

" 오, 아버지! 저는 당신이 제 삶과 사역을 위해 만들어놓으신 규칙들과 질서를 언제나 따르고 있습니다. 당신이 저를 불러 맡기신 사명을 어떤 식으로든 훼손하는 것이 있다면, 제가 그것에 걸려들지 않게 하소서. "

chapter 09

영적 리더의
자질

감독은 하나님의 청지기로서 책망할 것이 없고 제 고집대로 하지 아니
하며 급히 분내지 아니하며 술을 즐기지 아니하며 구타하지 아니하며
더러운 이득을 탐하지 아니하며 오직 나그네를 대접하며 선행을 좋아
하며 신중하며 의로우며 거룩하며 절제하며 딛 1:7,8

영적 리더십에서 가장 중요한 것은 예수 그리스도를 닮는
자질들이다. 이런 자질들은 세상에서 오는 것이 아니다. 많은
지도자들은 세상의 교육을 너무 많이 받았기 때문에 오히려
사역 중에 부딪히게 되는 복잡 미묘한 영적 문제들을 간과하
지 못한다. 우리에게 필요한 것은 사업 인증서 같은 것이 아니
라 우리의 삶에 임하는 하나님의 부르심이다. 너무나 압도적
으로 다가오기에 다른 일들을 도저히 할 수 없게 만드는 그분
의 부르심 말이다!

앞 장(章)에서 언급했듯이, 바울은 또 다른 하나님의 사람 디도에게 교회 지도자의 자질들에 대해 가르친다. 나는 당신이 평소의 사고방식과는 큰 차이를 보이는 한 가지 점에 주목하기를 바란다. 그것은 바울이 디도서 1장 7,8절에서 지적(知的)인 자질들에 대해 전혀 언급하지 않는다는 점이다. 그렇지만 9절에서 바울은 '거슬러 말하는 자들을 권면하고 책망할 수 있는 능력'에 대해 말한다. 거슬러 말하는 자들을 권면하고 책망하려면, 충분한 지적 능력이 있어야 한다. 그런데 여기 1장 7,8절에 언급된 자질들은 지적인 것이 아니다. 어떤 사람이 여기에 언급된 자질들을 갖추었다고 해서 우리가 그를 '인간적 관점에서 볼 때 지적 능력이 있는 사람'이라고 부르지는 않을 것이다.

성경이 말하는 환대

바울에 의하면, 교회 지도자의 한 가지 자질은 다른 사람들을 대접할 줄 알아야 한다는 것이다. 그렇다면, 대접한다는 것은 무엇을 의미하는가?

바울의 편지들에는 여러 지역의 이름들이 나오는데, 바울과 실라와 바나바 같은 선교사와 사역자들은 흔히 이 지역 저 지역을 돌아다니며 일했다. 이들은 아주 적은 돈으로 이곳저곳을 돌아다녔다. 그들은 항상 압박을 받았고, 그들이 가는 길에 꽃길(red carpet)이 펼쳐져 있는 것은 결코 아니었다. 어떤 사람은 꽃 대신 돌을 집어 들었고, 언제라도 바울과 그의 일행에게 그 돌을 던질 것 같았다.

그러다 보니 그리스도인들은 순회 전도자들을 집으로 받아들였고, 그런 가운데 '나그네 대접'이라는 개념이 생겼다. 친척을 대접하는 것은 이런 나그네 대접에 포함되지 않았다. 친척을 환대하는 것은 당연히 해야 할 선한 일이었을 뿐이다. 친척끼리 서로 초대하고 또 초대 받으며 왕래하는 것은 문제될 것이 없다.

성경주석가와 성경번역가들은 '환대'라는 표현이 사용되었다는 것은 당시의 그리스도인들이 어떤 식으로 나그네를 대접했는지 보여준다고 했다. 그리스도인들은 순회 전도자들에게 대문을 열어주었다.

참고로, 요한은 거짓 전도자들에게는 문을 열어주지 말라고 경고했다. 그들을 집 안으로 들이는 것은 그들의 악한 행위에 가담하는 것이었고, 심지어 그들의 범죄를 조장하는 것이었다.

8절에서 바울은 나그네를 대접하는 지도자를 가리켜 '선행을 좋아하는 사람'이라고 정의한다. '선행을 좋아하는 사람'이 킹 제임스 성경에서는 '선한 사람들을 좋아하는 사람'으로 번역되어 있다. 때때로 성경번역자들은 '선' 또는 '악'이 추상적 개념인지 아니면 개인의 자질인지에 대해 견해의 일치를 보이지 못한다. 예를 들어 주기도문에는 "우리를 … 악에서 구하시옵소서"(마 6:13)라는 구절이 나오는데, 번역자들은 여기서 '악'으로 번역된 단어가 명사인지 형용사인지를 확정짓지 못한다. 그들은 이 구절이 "우리를 … 악에서 구하시옵소서"라고 번역되어야 하는지, 아니면 "우리를 … 악한 자에게서 구하시옵소서"라고 번역되어야 하는지를 모른다. 하지만 어느 쪽이 맞든지 그것은 중요하지 않다. 바울이 '선한 사람들을 좋아하는 사람'이라고 말한 것인지, 아니면 '선을 좋아하는 사람'이라고 말한 것인지 알지 못한다 해도, 바울은 다음과 같은 뜻으로 말한 것이다.

"교회의 일을 맡아서 할 사람이 갖추어야 할 미덕 내지 자질 중 하나는 선을 사랑하는 것이고, 따라서 선한 사람들도 사랑하는 것이다."

우리가 던져야 할 질문은 우리의 마음이 무엇으로 끌리는가

하는 것이다.

우리의 마음이 어디로 끌리는가?

나는 사람들에게 "당신은 어디에서 시간을 보냅니까?"라고 묻지 않는다. 어떤 이들은 악한 사람들만 우글대는 곳에서 사역하면서 시간을 보내기 때문이다. 그런 악한 곳을 피해서 사역할 수는 없는 법이다. 그러나 나는 당신의 마음이 어디로 끌리는지 물을 수 있다. 어느 곳이든지 갈 수 있는 자유로운 시간이 주어질 때 당신은 어디로 가는가? 그리고 어디에서 당신의 마음이 편해지는가? 그리고 그곳에서 당신의 눈에 보이는 사람들은 어떤 부류의 사람들인가?

만일 당신이 세상적인 사람들, 즉 세상의 쾌락을 우선시하는 사람들을 찾으려고 한다면 얼마든지 찾을 수 있다. 그런데 세상적인 사람들 중에 섞여 있을 때 마음이 편한 사람을 선한 그리스도인이라고 보면 안 될 것이다. 다시 말하지만, 어떤 이들은 세상적인 사람들의 무리와 함께 일하기 때문에 그들이 있는 곳에 있어야 한다. 하지만 그런 사람들은 일 때문에 그곳에 가는 것이지, 그곳을 좋아하지는 않는다. 그래서 가능하면 그곳을 빨리 떠난다. 직업상 그곳에 있어야 하지만, 그들의 악한 행동에 동참하지 않는다. 그러므로 중요한 것은 '당신이 때때로 어디에 가야 하는가' 하는 것이 아니라, '어디에서 마음이 편해지는가' 하는 것이다. 쉴 수 있는 시간이 주어질 때 당신은 어디에 있는가? 어디에 가면 당신 같은 부류의 사람들을 볼 수 있는가?

교회의 공식적 부서의 지도자로 일하기 위한 자격을 갖추려면, 선을 좋아하고 또 선한 사람들을 좋아하는 사람이 되어야 한다. 미지근한 신자들이나 세상적인 사람들 틈에서 오히려 마음이 편한 사람, 또는 선한 사람들을 좋아하지 않는 사람, 이런 사람들이 교회 부서들의 지도자로 있는 것을 용납하는 교회가 있는가? 내가 볼 때, 그런 교회는 하나님의 복 받기를 기대할 수 없을 것이다.

지도자는 책임질 줄 알아야 한다

바울은 지도자가 되려는 사람은 신중해야 한다고, 즉 경박하지 않아야 한다고 말한다. 킹 제임스 성경이 8절에서 '소우버'(sober: 술 취하지 않은, 신중한)라는 단어를 사용하지만, 내가 볼 때 여기서 '소우버'는 술과는 아무런 관계 없이 사용되었다. 술의 문제는 바울이 바로 앞의 7절에서 "감독은 … 술을 즐기지 아니하며"(딛 1:7)라고 말함으로써 이미 정리되었다. 8절에서 '소우버'는 '무분별하지 않은', '무책임하지 않은', '쉽게 흥분하지 않는'을 의미한다.

재능도 있고 선하지만 책임감이 없기 때문에 지도자의 직책을 맡길 수 없는 사람들이 있다는 것을 목회자들은 잘 안다. 그런 사람들은 자유를 원하지만, 그것은 자유가 아니라 무책임이다. 그리스도께서 "나의 멍에를 메라"라고 말씀하셨지만, 그들은 멍에를 메려고 하지 않는다. 당신은 그들이 지옥에 갈 것이라고 말해서는 안 된다. 그들은 자기들이 지옥에 가지 않을 것이라고 말한다. 하나님의 은혜로 천국에 갈 것이라고 주장한다. 그들은 길들여지지 않은 망아지 같다. 마구(馬具)를 메려고 하지 않는다. 그들은 "나는 내가 마구를 메어야 한다고 믿지 않습니다. 그것은 바울의 자유 교리에 어긋나기 때문입니다"라고 말한다.

물론 우리에게 온갖 종류의 자유가 허락되었다고 가르치기 위해 바울이 세심하게 신경 쓴 것은 사실이다. 하지만 우리가 그리스도와 교회를 위해 온갖 책임을 져야 하는 것도 사실이다. 그럼에도 불구하고 어떤 이들은 책임을 지려고 하지 않는다. 그러므로 그들은 무책임하고 무분별하다. 경박하고 쉽게 흥분하는 경향이 어느 정도 있는 것이다. 그들을 좋아할 수는 있겠지만, 신뢰할 수는 없다. 그런 사람들이 교회에 아주 많다.

계속해서 바울은 그리스도의 인도를 받는 지도자가 거룩해야 한다고 말한다. 거룩함은 하나님과의 관계에서 생기는 개념이다. 그리고 절제는 자신과의 관계에서 생기는 개념이다. 여기서 우리는 내가 그토록 자주 강조했던 '유명한 삼각형'을 다시 만나게 된다. 그것은 하나님과의 관계, 다른 사람들과의 관계, 그리고 자신과의 관계로 이루어진 삼각형이다. 바울은 디도서 2장 12절에서 이 삼각형이 '신중함과 의로움과 경건함'으로 이루어진다는 것을 암시한다. 그리고 1장 8절에서는 이 삼각형이 '의로움과 거룩함과 절제'로 이루어짐을 암시한다. 절제하는 사람은 자기 자신과 올바른 관계를 맺고 있는 사람이고, 거룩한 사람은 하나님과 올바른 관계를 맺고 있는 사람이며, 의로운 사람은 모든 이들과 올바른 관계를 맺고 있는 사람이다.

이렇게 말하면 혹 "나는 언제나 그렇지 못했습니다"라고 털어놓는 사람이 있을지도 모르겠다. 그렇다면 지금부터라도 시작하라. 과거로 돌아가서 당신의 모든 삶을 다시 사는 것은 꿈도 꾸지 못할 일이지만, 지금부터 시작하는 것은 가능하다! 나는 저 아름다운 성경 말씀, 즉 "보라 내가 만물을 새롭게 하노라"(계 21:5)라는 말씀을 아주 좋아한다. 여기에서 시작하라! 지금 시작하라! 누구든지 그들이 하나님을 의지하기 시작하면, 그분은 그들이 아무 잘못도 범하지 않은 것처럼 그들을 믿고 일을 맡겨주신다. 하나님은 지금 시작하신다! "지금은 은혜 받을 만한 때요"(고후 6:2)라는 말씀이 있지 않은가! 지금은 '하나님의 지금'이다. 다시 강조하지만, 의로운 사람은 다른 사람들에게 정직한 사람이고, 거룩한 사람은 하나님과 올바른 관계를 맺은 사람이며, 절제하는 사람은 자신과 올바른 관계를 맺은 사람이다.

바른 교훈을 그대로 지켜라

바울에 의하면, "미쁜 말씀의 가르침을 그대로 지켜야"(딛 1:9) 자격 있는 지도자가 될 수 있다. 우리는 바울이 교리의 극히 작은 부분들에까지 얽매이는 사람은 아니었다는 것을 알아야 한다. 그는 그런 것들로 당신을 얽어맬 사람이 아니다. 하지만 그는 교리를 소홀히 취급하는 부주의한 사람도 아니었다.

우리는 신경(信經) 없는 종교의 시대를 살아가고 있다. 사람들은 "우리는 특정 교리를 믿지 않습니다"라고 말하면서 이렇게 덧붙인다.

"단지 우리는 모든 이들을 사랑하고, 주님을 사랑하고, 함께 소박한 장소에 모여 예배하고 교제하며, 모두 동일한 방향으로 나아가고 있습니다."

그러나 바울은 우리가 바른 교훈의 미쁜 말씀을 굳게 잡아야 한다고 말한다. 우리는 바울이 교리를 굳게 붙드는 사람이었다는 것을 잊지 말아야 한다. 그는 사랑이 가장 중요하다고 말했지만, 또한 그 사랑이 교리의 안내를 받아야 한다고 가르쳤다. 그가 볼 때, 사랑은 교리에서 나와야 했다. 그러므로 교회의 지도자는 미쁜 말씀을 굳게 붙드는 사람이 되어야 한다. 모호한 교리나 주관적인 해석이 아니라 오직 미쁜 말씀을 붙들어야 한다. 그렇게 해야 거슬러 말하는 자들을 바른 교훈으로 권면하거나 책망할 수 있다.

교회 지도자는 두 가지를 할 수 있어야 한다. 그 두 가지는 '자세히 설명해주는 것'과 '드러내는 것'이다. 그러기 위해서 그는 성경을 많이 알아야 한다. 그리고 그 말씀을 자세히 설명해줄 수 있는 능력과 드러내는 능력을 갖추어야 한다. 자세히 설명해주는 것은 적극적인 성격의 일이고, 드러내는 것은 소극적인 성격의 일이다. 전자는 성경이 무엇이라고 말하는지를 말해주는 것이고, 후자는 잘못 가르치는 선생들이 어떤 점에서 잘못되었는지를 지적하는 것이다.

갈라디아서, 골로새서 그리고 요한일서를 예로 들어보자. 이 몇 편의 편지들은 사람들의 정체를 꽤 날카롭게 드러낸다. 즉, 폭로한다. 좋은 지도자가 되려면 꽤 많이 알아야 하고, 교리를 어느 정도까지는 자세히 설명할 능력이 있어야 하며, 무엇이 잘못된 것인지를 지적할 수 있어야 한다. 그래야 사람들이 숲속에서 길을 잃지 않는다. 교리를 꼼꼼히 가르치지 않고 대충 넘기는 교회는, 국토를 가로질러 여행하는 사람이 도로 표지판을 꼼꼼히 보지 않다가 결국 막다른 도로에 이르게 되듯이 길을 잃고 말 것이다. 바른 교리는 표지판이 잘 갖추어진 고속도로 같다. 바른 교리가 전부는 아니지만, 그래도 하나님께로 이끄는 역할을 톡톡히 한다. 교리는 지극히 중요하기 때문에 소홀히 되어서는 안 된다.

그러므로 교회의 지도자는 미쁜 말씀과 바른 교리를 알아야 하고, 성경에서 배운 것들을 따라야 한다. 또한 성경을 자세히 설명해줄 능력이 있어야 한다. 그래야 교인들이 성경을 이해하고 또 방어할 수 있으며, 거슬러 말하는 자들과 근거 없는 말을 하는 자들이 교인들을 혼란에 빠뜨릴 수 없게 된다.

각 교회 및 그 교회의 지도자들은 저 밖에 있는 세상의 그 무엇을 닮아서는 안 된다. 미래의 교회 지도자들을 양성하는 기관이 되겠다는 목적으로 설립된 유명 대학교들이 세상의 지도자들을 양성하는 기관으로 서서히 전락해버린 일을 기억하라.

그리스도의 리더십을 닮은 리더십을 발휘하려는 사람들에게서는 그분의 특징들이 발견되어야 하고, 그 특징들이 그들의 사역을 통해서 나타나야 한다.

❝ 하늘의 아버지, 영적 지도자가 어떤 존재인지를 제 주변 세상에 밝히 보여줄 수 있게 하소서. 당신이 명령하신 일을 이루어드리는 데 필요한 당신의 조건을 충족시키는 삶을 살아야 할 책임이 제게 있다는 것을 인정합니다. **❞**

chapter 10

리더에게 필요한
세 요소

미쁜 말씀의 가르침을 그대로 지켜야 하리니 이는 능히 바른 교훈으로
권면하고 거슬러 말하는 자들을 책망하게 하려 함이라 딛 1:9

영적으로 지도한다는 것은 교회가 그리스도의 마음에 온전
히 부합하도록 만드는 일이다. 물론 이런 일은 하룻밤 새에
이루어지지 않는다. 많은 시간과 에너지를 필요로 하는 일이
며, 오직 성령의 능력에 의해 이루어질 수 있는 일이다.

디도서 1장 9절에서 바울은 기독교 지도자가 갖추어야 할
자질의 세 요소를 소개한다. 그것은 기꺼이 배울 마음이 있는
자들을 가르치고, 잘못 생각하고 있는 자들을 바로잡기 위해
서, 미쁜 말씀을 굳게 붙드는 것이다.

그리스도, 사도들 그리고 교부들은 진리의 근원이 있다고
믿었다. 그리스도는 진리를 찾지 않으셨다. 그분 자신이 그

진리이셨다!

인간이 추구의 대상으로 삼아 이룰 수 있는 것들 중 육신적 자아에게 가장 위로가 되는 것은 자신이 '진리를 찾는 자'라는 자부심 아닐까 싶다. 많은 지식인들과 대화를 나누어본 나는 그들이 '진리를 찾는 자'라고 확신하게 되었다.

그러나 그리스도의 사도들은 진리를 찾는 자들이 아니었다. 교부들도 진리를 찾는 자들이 아니었다. 사도들과 교부들은 '진리 안에 있으면서' 진리를 찾았을 뿐이다. 그렇게 한 것은 그 진리를 더욱 깊이 알기 위함이었다. 그들이 진리가 어디에 있는지 알기 위해 우주를 오르락내리락했다거나, 인간이 하는 사고의 온갖 갈래들을 다 뒤져보았다고 해석하는 것은 성경적 개념이 아니라 이교적 개념이다. 사도들과 교부들의 생각 속에는 그런 이교적 개념(사상)이 전혀 없었다. 그들은 모든 사상들을 판단하는 기준이 있다고 믿었는데, 그 기준은 절대적인 진리다. 일부 사람들이 믿는 것 같은 상대적인 진리가 아니다.

우리가 사는 여기 이 세상의 어떤 진리들은 정말 실용적이고 상대적인 것들이다. 예를 들면, 사람과 사람 사이의 진리 말이다. 그러나 기독교의 진리는 상대적인 진리나 실용적인 진리가 아니라 절대적인 진리다. 기독교 진리가 우리에게 모든 것들에 대해 알려주지는 않지만, 우리가 하나님에 대해 알아야 할 것들은 알려준다. 비기독교적인 진리들과 기독교의 진리는 엄청난 차이를 보인다! 예를 들면, 참 기독교인은 하나님에 대해 알기 위해 헬라 철학에 의지하지 않는다. 그분에 대해 알아야 할 것을 가르쳐주는 것은 성경이다!

그리스도의 인도를 받는 지도자는 사람들이 인간과 죄와 구원에 대해 알아야 할 것들을 가르치기 위해 하나님의 계시를 공부한다. 인간에게 문제가 생기는 것은 심리학이나 교육 때문이 아니라 죄 때문이다. '죄의 문제'를 다루지 않는 사람은 자격 있는 영적 지도자로서 일할 수 없다.

내가 이렇게 말하니까 어떤 이들은 내 견해가 너무 편협하다고 말할지 모르겠다. 그러나 우리에게는 '그것', 즉 하나님의 거룩한 책이 있다! 즉, 우리가 성경이라고 부르는 이 기준, 이 계시가 있다! 이 계시는 우리가 평생의 시간을 바쳐 연구하기에 충분한 내용을 온전히 담고 있다. 이 계시는 훼손해서도, 수정해서도, 편집해서도 안 된다! 그렇기 때문에 성령께서는 가르치는 자가 이 미쁜 말씀을 확실히 믿고 바른 교리를 굳게 붙들어야 한다고 말씀하시는 것이다.

그런데 어떤 이들은 내가 방금 말한 것과 다른 생각을 갖고 있다. 물론, 자유로운 도덕적 행위의 주체로서 그들에게는 그들이 원하는 것을 믿을 수 있는 완전한 권리가 있다. 그 권리의 행사에 따르는 대가를 치르고 결과에 대해 책임을 진다는 전제에서 말이다.

나는 '강요된 믿음'이 옳다고 생각하지 않는다. 우리는 우리의 진리를 사람들에게 제시해야 하며, 회개하지 않을 때 그들에게 찾아올 결과에 대해 경고해야 한다. 그런 다음에는, 그들을 그들의 하나님과 그들의 양심에 맡겨야 한다. 압력에 못 이겨 믿는 사람들은 전혀 그리스도인이 아니다. 그들과 참 그리스도인과의 관계를 비유적으로 말하자면, 인조 진주와 진짜 진주 사이의 관계이고, 플라스틱 조화와 정원에서 피는 꽃 사이의 관계이다.

단순히 순응하는 신앙은 전혀 신앙이 아니다. 우리 조상의 믿음이 우리 자녀의 믿음이 되어야 비로소 그 믿음은 믿음으로서의 역할을 하여 결과물을 만들어낸다. 단지 당신이 교회에서 양육 받았기 때문에 어떤 것을 믿는다면, 당신은 간접적 방법으로 믿음을 얻은 것이고, 다른 사람들의 확신을 빌린 것이다. 빌린 확신은 아무 의미가 없다. 우리 조상들의 신앙이

내 아들들과 딸들의 믿음이 될 때까지는 내게 쉼이라는 것이
없다.

앞뒤가 맞지 않는 믿음들

성경은 '진리가 솟아나는 샘'이 아니라고 믿는 사람들이 점
점 많아지는데, 심지어는 교회 안에도 그런 사람들이 있다. 그
들은 성경이 종교 사상들을 판단하는 기준이 아니라고 믿으
며, 또 성경이 사실에 기반을 둔 근거와 권위를 갖는 계시가
아니라고 생각한다. 그들의 이런 믿음은 정말로 이상하기 짝
이 없다. 내가 언급했듯이 그들 중 많은 이들이 교회를 다니기
때문이다. 그들은 교회에 다녀야 한다는 생각이 신약성경에서
나온 생각이라는 것을 까맣게 잊고 있다.

사람들은 성경이 도덕을 가르치는 신화라고 믿는다. 이것
은 일부 사람들이 성경에 대해 그나마 좋게 말해주는 것이다.
그들의 말에 의하면, 성경은 나름대로 맞는 부분도 있고 유용
한 면도 있지만 결점이 없지 않으며, 더욱이 절대적인 것은 아
니라고 한다.

또 어떤 이들은 성경이 감동과 위로를 주는 책이지만, 모
든 진리의 원천은 아니라고 믿는다. 그들은 매 주일마다 모여

이런저런 성경 구절들을 인용해서 말하지만, 성경이 믿을 만한 책이라고 생각하지는 않는다. 그들은 그들이 믿지도 않는 책에서 읽은 신에게 기도한다. 그러면서 자신들이 더 이상 믿지 않는 책에서 증언하는 하나님의 나라를 세우겠다고 애를 쓴다. 그들은 죽은 자들을 땅에 묻고 "나는 부활이요 생명이니"(요 11:25)라는 말씀을 인용한다.

내가 볼 때, 이것은 끝없는 모순이다. 이것을 보니 다음과 같은 예수님의 말씀이 무슨 뜻으로 하신 말씀인지 이해가 간다.

"내가 네 행위를 아노니 네가 차지도 아니하고 뜨겁지도 아니하도다 네가 차든지 뜨겁든지 하기를 원하노라 네가 이같이 미지근하여 뜨겁지도 아니하고 차지도 아니하니 내 입에서 너를 토하여 버리리라"(계 3:15,16).

그리스도께서 하신 말씀은 진리 아니면 거짓이다. 그분의 말씀이 진리이면, 우리에게는 그것을 믿어야 할 준엄한 의무가 생긴다. 그리고 그분의 말씀을 믿는다면, 그것에 순종해야 할 책임이 즉각 따른다. 만일 그분의 말씀이 거짓이라면 교회의 모든 교리는 거짓이고, 우리가 교회에 들어가 헌금 접시에 1달러를 놓을 때마다 거짓을 조장하고 오류를 확산시키는 것이다. 성경이 이렇게 말하기 때문이다.

"그리스도께서 다시 살아나신 일이 없으면 너희의 믿음도 헛되고 너희가 여전히 죄 가운데 있을 것이요 또한 그리스도 안에서 잠자는 자도 망하였으리니 만일 그리스도 안에서 우리의 바라는 것이 다만 이 세상의 삶뿐이면 모든 사람 가운데 우리가 더욱 불쌍한 자이리라"(고전 15:17-19).

다시 말하지만, 나는 불신자가 될 권리가 사람들에게 있다고 인정한다. 그러나 교회에 다니면서도 교회를 세운 그리스도의 신성을 믿지 않는 사람들을 존경하고 싶은 마음은 전혀 없다! 그런 사람들을 포용해주고 싶은 관대한 생각은 내 마음속을 가장 깊은 곳까지 뒤져보아도 보이지 않는다! 하나님의 참된 말씀이라고 믿지도 않는 성경에 물을 타서 묽게 만든 버전(version)을 맹종하는 사람들을 나는 존경하지 않는다. 그들과 달리 대담하게 성경을 내려놓고 밖으로 나가 밝은 햇살 가운데서 깊은 숨을 내쉬며 "이제부터 나는 내 힘으로 살겠다"라고 말하는 사람이 차라리 더 낫다. 그렇게도 못하는 심약한 사람들이 교회를 떠나지 못하고 붙어있지만, 그들의 그리스도는 그리스도가 아니고, 그들의 하나님은 하나님이 아니며, 그들은 성경을 진리라고 믿지도 않는다.

내가 다음과 같이 말할 수 있는 것에 대해 하나님께 감사한다.

"그러나 이제 그리스도께서 죽은 자 가운데서 다시 살아나사 잠자는 자들의 첫 열매가 되셨도다 사망이 한 사람으로 말미암았으니 죽은 자의 부활도 한 사람으로 말미암는도다"(고전 15:20,21).

그렇지만 만일 내가 모든 것을 안다는 착각에 빠져 있다면, 나는 그리스도께서 인도하시는 상황들에서 그분께 진정으로 사용될 자격이 없는 사람이다. 나는 오만하게 가슴을 내밀며 "내가 당신보다 낫습니다"라고 말하지 않을 것이다. 오히려 보잘것없는 작은 두꺼비나 토끼가 말하듯이 "오늘 아침 초원과 연못 위에 햇살이 비치는 것에 대해 하나님께 감사한다. 하지만 내가 태양과 연못을 만든 것이 아니라 둘 다 그분이 만드셨다"라고 말할 것이다.

자기가 모든 것을 안다고 생각하는 지도자는 그리스도처럼 리더십을 발휘할 수 없다. 햇살이 비치는 것은 하나님께서 태양이 빛을 발하도록 만드셨기 때문이다. 그러므로 당신과 나는 이렇게 말할 수 있다.

"햇살이 오늘 아침 내게 비치고 진리의 빛이 내 마음에 비친 것에 대해 경건한 마음으로 그분께 감사드린다. 나는 성경을 믿고, 그 책이 증언하는 그리스도를 믿으며, 그 책에서 흘러나오는 복음을 믿고, 우리 조상들의 신앙이 참 신앙이었음을 믿는다."

어떤 사람들이 우리에게 "당신은 확신에 차 있군요. 당신이 나보다 더 거룩하고 더 낫다고 생각하는군요"라고 말할지도 모르겠다. 그러나 그렇게 말하는 사람들은 참 그리스도인이 어떤 존재인지에 대해 아는 것이 거의 없는 사람들이다! 그들은 당신과 내가 마음속으로 '내 마음이 온 인류 중에서 가장 나쁜 마음이고, 나는 그리스도인의 자격이 없구나!'라고 느낀다는 것을 모른다. 그리고 그들은 예수 그리스도께서 그분의 자비와 은혜로 말미암아 우리를 구원하셨다는 사실에 대해서도 거의 모른다. 사실, 가장 훌륭한 그리스도인은 '만일 내게 정당한 보응이 주어졌다면, 나는 지금 지옥에 있을 수밖에 없다'라고 믿는다. 그는 그것을 잘 알고, 그것을 믿는다. 그러므로 모든 찬양은 햇살을 받는 사람이 아니라 태양을 만드신 분에게로 돌아가야 한다!

하나님은 말씀하신다

주님이 죽은 자 가운데서 다시 살아나신 후에 베드로는 "너희가 십자가에 못 박은 이 예수를 하나님이 주와 그리스도가 되게 하셨느니라"(행 2:36)라고 증언했다. 우리 주님은 고난 당하신 후 오류가 없는 여러 가지 증거들을 통해 자신의 살아 계심을 보여주셨다.

옛적에 선지자들을 통하여 여러 부분과 여러 모양으로 우리 조상들에게 말씀하신 하나님이 이 모든 날 마지막에는 아들을 통하여 우리에게 말씀하셨으니 이 아들을 만유의 상속자로 세우시고 또 그로 말미암아 모든 세계를 지으셨느니라 이는 하나님의 영광의 광채시요 그 본체의 형상이시라 그의 능력의 말씀으로 만물을 붙드시며 죄를 정결하게 하는 일을 하시고 높은 곳에 계신 지극히 크신 이의 우편에 앉으셨느니라 그가 천사보다 훨씬 뛰어남은 그들보다 더욱 아름다운 이름을 기업으로 얻으심이니 히 1:1-4

사람들은 "나는 혼란스럽습니다. 기독교에는 아주 많은 교리들이 있군요"라고 말한다. 하지만 하나님께서 마지막 날에 그분의 백성을 심판하실 때, 또 다른 모든 민족들을 심판하실 때, 그분은 죽음을 피할 수 없는 인간이 전한 교리를 잣대로 삼아 심판하시지 않을 것이다. "내가 한 그 말이 마지막 날에 그를 심판하리라"(요 12:48)라는 예수님의 말씀에서 알 수 있듯이, 하나님은 우리가 받은 빛을 가지고 어떻게 살았는지를 보고 심판하실 것이다.

이것을 영원히 못 박기 위해 우리 주 예수님은 "사람이 하나님의 뜻을 행하려 하면 이 교훈이 하나님께로부터 왔는지 내가 스스로 말함인지 알리라"(요 7:17)라고 말씀하셨다.

어떤 이들은 하나님의 말씀의 권위를 믿지 않으면서 "성경은 위로를 주는 책이지만 어떤 점들에서는 거짓되다"라고 말한다. 정말 말도 안 되는 말이다! 내가 자기의 무덤에서조차 나올 수 없는 사람에게서 불멸을 얻으려 하겠는가?

하나님의 말씀을 믿고, 진리를 받아들이고, 예수 그리스도를 항상 바라보라. 그분께 순종하고 그분을 믿으면서 진리를 찾아라. 진리를 성경 밖에서 찾지 말고 성경 안에서 찾아라. 이는 당신이 그리스도처럼 리더십을 발휘하기 위해 반드시 알아야 하는 기초다.

66 하늘에 계신 아버지! 당신의 진리가 제 삶을 변화시켰으므로 제가 아무리 찬양해도 부족할 것입니다. 기도하오니,

제 안으로 흘러들어오는 진리가 저를 통해 제 주변 사람들에게도 흘러들어가게 하소서. 저는 당신의 진리를 온전히 따르겠습니다. 99

chapter 11

말씀을 굳게
붙들어라

미쁜 말씀의 가르침을 그대로 지켜야 하리니 이는 능히 바른 교훈으로
권면하고 거슬러 말하는 자들을 책망하게 하려 함이라 불순종하고 헛된
말을 하며 속이는 자가 많은 중 할례파 가운데 특히 그러하니 딛 1:9,10

　우리가 그리스도처럼 리더십을 발휘하려면, 어려운 일들을
처리할 줄 알아야 한다. 영적 지도자로서 일하는 것은 쉬운 일
이 아니다. 그렇기 때문에 바울은 '새로 입교한 자', 즉 '회심한
지 얼마 안 되는 사람'이 교회에서 감독자로 일해서는 안 된다
고 경고한다. 그런 사람은 교만해져서 마귀를 정죄하는 그 정
죄에 빠질 수도 있기 때문에 감독자로 일해서는 안 된다(딤전
3:6). '새로 입교한 자'에게는 교회의 지도자들에게 닥치는 일
중 많은 것들을 처리할 능력이 없을 것이다.
　성경이 우리에게 가르쳐주는 리더십을 훼손하는 문제들은

반드시 해결되어야 한다. 너무나 많은 이들이 순간순간을 아무 일 없이 넘기기 위해 타협을 선택한다. 그러나 예수님은 그렇게 하지 않으셨고, 사도 바울도 물론 그렇게 하지 않았다.

우리는 바른 교리를 알아야 하고 하나님의 말씀을 굳게 붙들어야 한다. 물론 이것이 성경에 나오는 내용들을 모두 알아야 한다는 것을 의미하지는 않는다. 다만 우리는 성경이 가르치는 것을 알아야 하고, 그 가르침이 오늘날 우리의 삶에 어떻게 영향을 주는지 알아야 한다.

교회의 지도자는 어려운 문제들을 처리해야 한다. 바울이 디도서 1장 10절에서 언급했듯이 '불순종하는 자들'이 많기 때문이다. '불순종하는 자들'이 킹 제임스 성경에서는 '다루기 힘든 사람들'이라고 번역되어 있다. 솔직히 말하면, 내가 지금 이 주제를 다루어야 한다는 것이 유감스럽다. 나도 삶의 밝은 면들에 대해 얘기하는 것을 더 좋아하기 때문이다. 그러나 현실은 그것을 허락하지 않는다. 우리의 세상에는 마귀와 죄가 있고, 이 세상에서 교회는 광야에서 늑대들에게 둘러싸여 있는 양 떼 같기 때문이다.

'다루기 힘든 자들'이 전혀 없다면 이상적인 세상이 될까? 헛된 말을 하며 속이는 자를 볼 수 없는 세상이 이상적인 세상일까? 진리를 열심히 전하지 않아도 진리가 흥왕하고, 잘라버려야 할 잡초도 없고, 괭이질로 갈아엎어야 할 단단한 땅도 없고, 모든 이들이 미소 지으며 하나님의 말씀을 잘 받아들여서 그 말씀에 순종하는 곳, 그런 곳이 이상적인 세상은 아닐까?

물론 그런 곳이 편하고 아름다운 세상일 것이다. 그러나 실제로 그런 곳이 없다는 것을 우리는 잘 알고 있다. 성숙함은 우리의 희망사항인 이상적인 세상이 아니라 '있는 그대로의 현실 세계'를 상대하라고 요구한다.

내 생각을 솔직히 말하자면, 선한 의도를 가졌지만 기독교를 약하고 묽게 만드는 사람들이 일부 있다. 그들은 세상을 하나의 눈으로만, 즉 좋은 눈으로만 본다. 아름다운 일몰은 보지만, 폭풍우는 보지 못한다. 새들이 노래하는 소리는 듣지만, 독수리의 소리는 듣지 못한다. 장미덤불은 보지만, 눈이 가려져 장미 가시는 못 본다. 즐거운 웃음소리는 듣지만, 신음 소리는 듣지 못한다. 기쁨에 찬 그리스도인은 보지만, 불순종하고 헛된 말을 하며 속이는 자들이 있다는 것은 인정하지 않으려 한다.

이런 것들은 영적으로 성숙하지 못한 것이다. 만일 내가 엄청 큰 고난에 빠져서 누군가에게 기도를 부탁하기 원한다고 가정해보자. 그럴 경우 나는, 현실을 뼈저리게 겪어본 적이 없다고 소문 난 사람에게 부탁하지 않을 것이다. 나는 너무 행복한 사람에게 부탁하지도 않을 것이다. 우리가 사는 이런 세상에서 너무 행복하다는 것은 영적으로 성숙하지 못하다는 것을 의미할 수도 있기 때문이다. 미성숙한 사람은 사물의 밝은 면은 보지만, 그 반대편은 보지 못하거나 그것에 맞서지 못한다.

바울은 양쪽 면을 모두 보는 성숙한 사람이었다. 감옥에서 쓴 편지에서 그는 "주 안에서 항상 기뻐하라 내가 다시 말하노니 기뻐하라"(빌 4:4)라고 말했다. 하지만 자신과 사역자들에 대해 "근심하는 자 같으나 항상 기뻐하고"(고후 6:10)라고 말하기도 했다. 나는 하나님의 생명으로 말미암아 마음에 힘을 얻어 즐거운 사람뿐만 아니라, 세상의 힘든 일들 때문에 마음이 무거운 사람과도 함께 기도하기를 원한다. 이것이 성숙한 그리스도인의 자세다.

불순종하고 헛된 말을 하는 자들

19세기 말에 유명한 성경해설자로서 글로스터 교구의 참사회장 겸 주임사제를 지낸 도날드 스펜스(Donald Spence)의 말에 의하면, 다루기 힘든 사람은 다음과 같은 네 가지 잘못을 보인다. 모든 순종을 거부하고, 이기적으로 행동하며, 바보스럽고(즉, 맹하고, 무의미한 말을 하고), 고분고분하지 않다.

반항적인 사람은 자기가 강하다고 생각하지만, 그는 강한 것이 아니라 육신적인 사람일 뿐이다. 그는 반항적이고 완고하고 고집스런 길을 가는 자신을 제어하지 않는데, 그것은 결국 자기 자신만을 해칠 뿐이다. 성경에 의하면, 천사장 미가엘 조차 모세의 시체에 관하여 마귀와 다투어 변론할 때에 감히 "내가 네게 도전하노라"라고 말하지 못하고, 다만 "주께서 너를 꾸짖으시기를 원하노라"(유 1:9)라고 말했을 뿐이다.

불순종하는 사람은 또한 우리가 이루고 있는 공동체의 정신을 멸시한다. 그는 목자와 부목자의 음성을 듣기를 거부하며, 목회자와 교회의 모든 경건한 그리스도인들에 반대하는 자신의 개인적 견해를 당돌하게 밝힌다.

이런 사람의 정신 상태와 똑같은 상태에 있었기 때문에, 고대 이스라엘 민족은 끊임없이 혼란 속에서 헤맸다. 그들에게는 항상 신앙적 퇴보가 일어났다. 그들은 매를 맞아 멍들면 울며 회개해서 회복되었지만, 그 후에는 다시 반항적이고 완고하게 되어 넘어졌고, 이런 과정은 반복되었다. 고대 이스라엘의 역사는 항상 그런 식이었다. 정말로 비극적인 것은 메시아께서 오셨을 때에도 그분께 거역했다는 것이다. 그들은 "이 예수라는 사람이 우리를 다스리는 것을 용납할 수 없다"라고 말했다.

불순종하는 사람들은 자기의 목적에 맞게 마음대로 성경 구절을 인용하는 자들이며, 쉼이 없고 평안을 모르는 자들이다. 그들이 무의미한 말을 하기 때문에 바울은 그들에 대해 "그들의 입을 막을 것이라"(딛 1:11)라고 가르쳤다. 바울의 이 가르침에 대해 "그들을 그냥 내버려두면 안 됩니까?"라고 묻는 사람이 있을지도 모르겠다. 그들을 그냥 내버려두는 것이 좋다고 믿는 사람들은 '곡식과 가라지의 비유'를 언급하면서 "둘 다 추수 때까지 함께 자라게 두라"(마 13:30)라고 말한다. 그들은 가라지를 모른 체해서 곡식과 가라지가 함께 자라게 하기를 원한다. 그러나 예수님은 가라지가 교회 안에서 자라도록 내버려두라고 가르치지 않으셨다!

그분은 누가복음 10장 3절에서 "내가 너희를 보냄이 어린 양을 이리 가운데로 보냄과 같도다"라고 말씀하셨다. 양들과 이리들이 '세상'에서는 함께 살 수 있지만, '교회'에서는 함께 살 수 없다. 바로 여기에 차이가 있다. 교회에서는 양과 늑

대가 함께 살아서는 안 된다. 왜 그런가? 다루기 힘든 자들이 가정들을 온통 무너뜨리기 때문이다(딛 1:11). 여기서 '무너뜨리다'라는 말은 도덕을 계속 약화시키고 충성심이나 믿음을 파괴함으로써 뒤집어엎는 것을 의미한다. 그렇기 때문에 바울은 헛된 말을 하는 다루기 힘든 자들의 입을 막아야 한다고 가르친 것이다.

그리스도의 집

바울의 시대의 신자들은 교회 건물의 건축을 아직 시작하지 않고 있었다. 그래서 함께 모일 수 있는 곳이라면 어디에서나 모였는데, 예를 들면 회당과 신자들의 가정집과 다락방에서 모였다.

사도행전 12장을 보면, 야고보가 칼로 죽임을 당한 후에 헤롯이 베드로까지 죽이기 위해 그를 붙잡아두었다는 내용이 나온다. 그러나 성경의 기록에 의하면, 신자들은 베드로를 위해 하나님께 계속 기도했고, 하나님은 천사를 보내어 베드로를 풀어주셨다. 당신은 풀려난 베드로가 지체 없이 찾아간 곳이 어디였을 것이라고 생각하는가? 물론, 교회였다! 베드로는 마가의 어머니 마리아의 집에서 신자들이 모여 자기를 위해 기도

하고 있을 것이라고 믿었다.

그들의 교회의 모임은 집 안에서 이루어졌다. 그렇기 때문에 바울은 성도들에게 "라오디게아에 있는 형제들과 눔바와 그 여자의 집에 있는 교회에 문안하고"(골 4:15)라고 말했고, 또 이 집 저 집을 다니며 복음을 전하는 것에 대해 언급했던 것이다. 지금으로 치자면 이 교회 저 교회를 다니며 복음을 전한다고 표현할 것이다. 이 모든 것에서 알 수 있듯이, 바울의 말에서 '집'은 교회를 의미했다.

그런데 지금도 어떤 그리스도인들은 우리가 교회를 언급하면 화들짝 놀라며 "교회가 그리스도의 몸이고, 교회 건물은 단지 건물에 불과하다는 것을 당신은 모릅니까?"라고 묻는다. 물론, 우리는 안다. 아주 잘 알기 때문에 우리는 단지 '말의 표현'에 불과한 것에 얽매이지 않는다. 만일 내가 '제3장로교회' 또는 '제1침례교회'라고 말한다면, 모든 이들은 내가 교회 건물을 의미하는 것이 아님을 잘 알 것이다. 내가 '교회'라고 말할 때 그것은 '교회의 사람들'을 의미한다.

예를 들어보자. 우선, "의원석에서 발의(發議)가 있었다"(A motion was made from the floor)라는 표현부터 생각해보자. 이것이 무슨 뜻인가? 의원석에 서 있거나 의자에 앉아 있는 사람들이 발의를 했다는 뜻인가? 맞다. 의원석이 발의를 했다는 뜻은 물론 아니다. 또 다른 예를 들자면, 교회에서 우리가 "위원회 회의가 열릴 것입니다"(There will be a board meeting)라고 말할 때, 이 말이 "소나무 널빤지 넷이 목회자의 서재에서 모일 것입니다"(Four pine boards will meet in the pastor's study)라는 의미는 아니다. '널빤지'라는 뜻을 가진 '보드'(board)라는 단어가 '위원회'라는 뜻까지 갖게 된 것은 본래 지도자들이 널빤지 둘레에 모여 앉아서 회의를 했던 사실에 기인한다. 이와 유사한 예를 또 들자면, 하원(下院, the House of Representatives)이라는 단어가 있다. 어떤 기자가 "하원(the House)이 아직 법안을 통과시키지 않았습니다"라고 보도한다면, 그의 이 말에서 '하원'은 워싱턴 D.C.에 있는 하원 건물을 가리키는 것이 아니라 의원으로 선출되어 그 하원 건물에 앉아 있는 수백 명의 사람들을 가리키는 것이다.

속이는 자들을 막아내는 법

그렇다면 불순종하고, 헛된 말을 하고, 속이는 자들을 어떻게 해야 하는가? 어떻게 해야 그들의 활동을 막아 우리에게 아무런 해도 끼치지 못하게 할 수 있는가?

교회를 무너뜨리려는 그들의 노력에서 아무런 해도 당하지 않으려면, 그들에게 미쁜 말씀과 바른 교리를 전하고 그들을 권면하고 책망해야 한다고 성경은 가르친다. 오류를 막는 완벽한 방어 수단은 오직 진리뿐이고, 큰 거짓말에 대항하는 유일한 수단은 큰 진리다.

디도서 1장 12절에서 바울은 다음과 같은 취지로 말한다.

"거기 그레데에 있는 그리스도인 여러분, 조심하십시오. 그리고 가르치는 여러분, 바른 믿음을 갖고 조심하십시오. 미쁜 말씀을 굳게 붙들어야 합니다. 그레데인들은 항상 거짓말쟁이이기 때문입니다. 기억하십시오."

바울은 그레데인들 전체를 비판했다. 이런 바울을 보고 혹시 '저렇게 일반화하여 그레데인들 전체를 싸잡아 비판하는 것이 맞는가?'라는 의문이 생길지도 모르겠다. 그러나 대도시들이 완전히 썩었다는 것을 기억하라! 소돔과 고모라를 보라. 그 도시들이 너무나 썩었기 때문에 겨우 여섯 사람만이 빠져나와 멸망을 피했다. '그래도 어떻게 인구 전체가 부패할 수 있는가?'라는 의문이 당신에게 남아 있는가? 노아의 홍수를 보라. 세상이 도덕적으로 너무 썩었기 때문에 하나님께서 하실 수 있는 유일한 것이 그분께 선택받은 여덟 명의 사람들을 제

외한 나머지 사람들 모두를 물로 멸망시키는 것이었다. 그 여덟 명은 그래도 약간의 도덕성이 남아 있는 사람들이었다.

내가 어릴 적에는 냉장 시설이 없었기 때문에 우리는 과일을 썩지 않게 하려고 나름대로 노력을 다했다. 때로는 박스 안의 사과들이 완전히 썩어버려서 곤죽 같은 사과들 속으로 손을 집어넣으면 팔꿈치까지 잠길 정도로 쑥 들어가는 경우들도 있었다. 나는 썩은 사과들 속으로 손을 집어넣는 일에 개의치 않았기 때문에 손을 집어넣어 더듬어보았고, 상자 속에서 딱딱한 사과가 손에 걸리면 그것을 꺼내어 깨끗이 씻곤 했다. 믿기 힘들겠지만, 완전히 정상적인 사과가 그 썩어가는 사과들 속에서 발견되곤 했다. 그 사과의 껍질에 전혀 흠집이 없었기 때문이다.

바울은 기독교에 반드시 있어야 할 두 가지가 있다고 가르친다. 그것은 바른 교리와 바른 도덕 기준이다. 이 둘을 모두 갖추어야 비로소 바른 그리스도인이라고 할 수 있다. 그러므로 둘 중 어느 하나라도 바르지 못한 사람들은 호된 책망을 들어야 마땅하다. 기독교에는 '그리스도의 기준'이라는 오직 하나의 기준만이 있기 때문이다. 이것은 우리가 원시림 속에 있든, 시카고에 있든 마찬가지다. 어떤 사람들의 관습을 문제 삼아 이래라저래라 하면서 시간과 에너지를 낭비하지 말라. 하지만 도덕과 관련된 문제가 생긴다면, 그것을 문제 삼아야 한다. 그렇게 하지 않으면, 복음을 전하는 것이 아니다.

바울이 '바른 신앙'이라고 말했을 때 그것은 정통 교리와 깨끗한 행위를 의미했다. 이 두 가지는 서로를 드러내며, 이 둘은 분리될 수 없다. 만일 당신이 깨끗한 행위라는 열매를 맺지 않는 정통 교리만 붙들고 있다면, 당신의 교리는 정통이 아니다.

"이것은 먹고 저것은 먹지 말라. 이것은 입어도 되지만 저것은 입으면 안 된다"라는 것 같은 자의적(恣意的) 도덕 기준을 받아들이는 것이 이상(理想)은 아니다. 오히려 우리는 진리가 우리를 깨끗게 하도록 해야 한다. 그리스도는 진리이시며, 육체로 임한 거룩함이시다. 믿는 것과 행하는 것에서 그분의 제자가 되어 영과 진리로 예배해야 할 의무가 우리에게 있다.

시카고처럼 썩은 도시의 한가운데에서도 하나님의 손은 이리저리 움직여서 반짝반짝 빛나고 싱싱하고 뺨이 붉은 사과들을 찾아낸다. 그분의 놀라운 능력에 의해 그토록 아름답게 보존된 사과들 말이다. 우리가 썩은 사과들과 같은 상자 안에 들어 있는 동안에도 줄곧 우리는 "말세에 나타내기로 예비하신 구원을 얻기 위하여 믿음으로 말미암아 하나님의 능력으로 보호하심을"(벧전 1:5) 받기 때문에, 우리에게서는 주변 세상의 냄새가 전혀 나지 않는다.

이 얼마나 놀라운 일인가! 그리스도의 교회 안에는 썩은 것이 없어야 한다. 그분의 교회는 사과들이 모두 싱싱하고 그리스도인들이 모두 깨끗한 곳이 되어야 한다.

> 66 오! 아버지, 당신을 찬양합니다. 이는 제 삶과 사역의 기초가 되는 당신의 말씀 때문입니다. 당신의 말씀을 꼭 잡고 있는 제 손이 풀리지 않게 하소서. 당신의 말씀을 통하여 성령께서 제 안에서, 또 저를 통해서 행하시게 하소서. 99

chapter 12

바른 교리에 충실히
행하라

오직 너는 바른 교훈에 합당한 것을 말하여 딛 2:1

이 말씀은 그리스도처럼 리더십을 발휘하려면 실제적인 문제들에서 어떻게 해야 하는지를 가르친다. 자기의 소명에 충실하려는 자에게는 교리의 문제에서 우왕좌왕할 수 있는 자유 같은 것이 주어지지 않는다. 우리 주변의 문화는 우리의 교리를 좋아하지 않고, 우리의 교리에 따르는 삶의 방식과 맞지 않을 것이다. 그러므로 우리는 그 문화가 우리의 성경이 아니라는 것을 기억해야 한다.

사도 바울이 볼 때, 예수 그리스도의 구원과 떼려야 뗄 수 없는 것은 바른 믿음과 그 믿음에 부합하는 실천이었다. 바울은 그 밖의 다른 것을 알지 못했다. 그의 신학에는 두 가지 측면이 있었는데, 하나는 올바른 믿음이고 또 하나는 올바른 삶이었다. 하나는 건물의 기초라고 할 수 있고, 다른 하나는 그 건물이라고 할 수 있다. 다른 비유로 이것을 설명하자면, 우리의 신학, 즉 우리가 그리스도 안에서 나타나신 하나님에 대해 믿는 것은 나무의 뿌리이고, 우리의 도덕성과 올바른 삶은 나무 및 나무의 열매다.

그러므로 우리에게 있어서 신학과 도덕성, 즉 올바른 믿음과 올바른 삶은 완전히 하나로 묶여 있어야 한다. 이 두 가지가 떼려야 뗄 수 없는 것이라는 점을 망각하고 있는 것이 정말 이상하다. 우리가 이 점에 대해 언급만 해도 어떤 이들은 우리를 율법주의자라고 공격할 것이다. 그러나 나는 남들이 나를 무엇이라고 부르든 간에 상관하지 않기 때문에 바울의 가르침을 그대로 밀고나갈 것이다.

복음주의 교회는 지금 아주 큰 어려움에 처해 있다. 한때는 진정한 신자였던 많은 이들이 지금은 하나님의 말씀에서 떠나고 있다. 나무에서 뿌리를, 또는 뿌리에서 나무를 분리시키는 것은 어리석기 짝이 없는 일이다. 나무가 없는 뿌리 또는 열매가 없는 뿌리가 땅속 깊이 묻혀 있다면, 그 뿌리의 가치가 얼마나 될지 생각해보라! 반대로, 뿌리 없이 나무만 있다면 얼마나 헛된 것인지도 상상해보라! 뿌리 없는 나무가 있을 수 없듯이, 나무 없는 뿌리도 있을 수 없다. 나무와 뿌리는 함께 가야 한다.

불도저로 땅을 파서 그 아래의 모든 흙을 꺼내고 삽으로 흙을 옮긴 뒤, 그 자리에 기초용 자재를 넣어서 터를 닦았지만, 그 기초 위에 건물을 짓지 않고 내버려둔다면 얼마나 어리석은 일인지 생각해보라. 그럴 경우, 기초를 만든 수고가 무슨 소용이 있겠는가? 신학이 올바른 삶이라는 결과물을 만들어내지 않으면, 그 신학이 무슨 소용이 있는가? 바른 교리가 있다 할지라도 그에 합당한 도덕성과 건전한 진실과 삶이 따르지 않으면 무용지물 아닌가?

반면, 어떤 이들은 기초 없이 건물을 세우려고 한다. 그들은 올바르게 살기를 원하지만, 건물을 위한 기초를 만들지는 않는다. 그러다 보니 건물을 올리지만, 그 건물에 헛바람만 계속 채운다. 결국은 근거 없는 허풍, 허풍, 허풍만 남는다!

우리는 여기저기에 기초를 놓지만 도대체 건물을 올리지 않는 경향이 있다. 우리는 바울이 디도서에서 다음과 같은 취지로 말한다는 것을 잊지 말아야 한다.

"디도 형제, 당신은 이 둘 다 챙기도록 노력하십시오. 사람들에게 바른 신학을 잘 가르칠 뿐만 아니라, 올바른 행위가 없는 신학이 헛되다는 것도 가르치십시오."

올바른 믿음, 올바른 삶

내가 판단하기에, 찰스 피니(Charles G. Finney, 1792~1875. 19세기 초 미국에서 부흥운동을 주도적으로 이끈 인물)는 이 땅에 살았던 모든 복음 전도자 중 최고였다. 피니는 '신학자로서의 바울'이나 '사도로서의 바울'만큼 위대하지는 않았지만, 하나님께서 그에게 주신 한 가지 사명, 즉 복음 전도의 분야에서는 위대한 사람이었다. 피니는 다음과 같이 담대히 외쳤다.

"당신에게 배우는 사람들에게 교리의 적용을 가르치지 않는다면, 당신의 교리 강의는 완전히 잘못된 것입니다. 교리의 적용을 가르치려면 다음과 같이 말해야 합니다. '여러분이 진리를 믿는다면, 그 진리대로 살아야 합니다. 그 진리대로 살려면, 당신의 모든 삶을 진리와 일치시켜야 합니다.'"

올바른 삶이 따르지 않는 올바른 믿음은 전혀 가치가 없는 것이라고 말할 수 있다. 또한, 올바른 믿음이 없다면 올바른 삶도 불가능하다.

그리스도께서 마태복음에서 가르치신 훌륭한 비유는 바울이 디도서에서 가르친 것과 완전한 조화를 이룬다. 그분은

"그러므로 누구든지 나의 이 말을 듣고 행하는 자는 그 집을 반석 위에 지은 지혜로운 사람 같으리니"(마 7:24)라고 말씀하셨다.

그리스도의 말씀을 듣는 것은 신학이고, 그 말씀을 실천에 옮기는 것은 도덕성이다. 다르게 표현하면, 그분의 말씀을 듣는 것은 기초를 놓는 것이고, 그 말씀대로 행하는 것은 건물을 세우는 것이다. 그분의 말씀을 듣고 행하는 것은 뿌리와 나무를 모두 갖는 것이다. 우리 주님은 이 둘을 결코 분리하지 않으셨다. 이 둘이 우리에게 모두 있는 것이 그분이 본래 의도하셨던 것이고, 그분이 기대하셨던 것이다.

만일 모든 설교자가 "우리 모두는 성경에 기초한 설교의 메시지에 순종해야 합니다"라고 강조하는 설교를 석 달 동안 계속 한다면, 우리나라에 부흥이 일어날 것이다. 지속적인 개혁을 일으키는 부흥 말이다!

날씨가 좋을 때 건물을 짓기 시작한다 해도, 우리는 그 좋은 날씨가 언제까지나 계속되지 않는다는 것을 알고 있다. 7월에 공사를 시작한다 해도 시간이 흘러 언젠가는 9월이 오고, 또 겨울이 온다. 공기가 신선하고 햇빛이 초원 위에 조용히 내리쬘 때 공사를 시작하겠지만, 바람이 시속 50킬로미터로 불고

비가 억수같이 쏟아질 때가 장차 찾아올 것임을 알고 있다.

주님은 반석 위에 집을 짓는 사람을 비유 삼아 교훈을 주셨다. 비가 오고 홍수가 나고 바람이 불어 그의 집에 부딪쳤지만, 그의 집은 잘 버텼다. 그 집은 무너지지 않았다. 그 이유에 대해 주님은 "주추를 반석 위에 놓은 까닭이요"(마 7:25)라고 설명하셨다. 그러나 이어서 "나의 이 말을 듣고 행하지 아니하는 자는 그 집을 모래 위에 지은 어리석은 사람 같으리니"(마 7:26)라고 경고하셨다.

주님은 아주 실제적인 교훈을 주신 것이었다. 도덕적 지혜가 있는 사람은 집을 지을 때 반석이 있는 곳까지 땅을 파고 그 반석 위에 튼튼한 기초를 제대로 만든다. 그러나 도덕적 지혜가 없는 사람은 모래 위에 집을 짓는다. 누구나 예상할 수 있듯이 비가 오고 홍수가 나고 바람이 부는 것은 언제라도 일어날 수 있는 일인데, 실제로 그런 일이 닥치면 집은 무너진다. 모래 위에 집을 지은 사람도 그의 집을 지을 때 반석 위에 집을 지은 사람만큼 세심한 주의를 기울였겠지만, 문제는 기초를 엉터리로 했다는 것이다. 그에게도 나름대로 어떤 신학이 있었지만, 그것은 빛의 도움을 받지 못한 신학이었다.

우리가 교훈을 듣고 실천에 옮기려고 할 때, 우리의 실제적 삶에서 '올바름'이 나타나야 한다. 바울은 "너는 바른 교훈에 합당한 것을 말하여"(딛 2:1)라고 가르쳤다.

바울이 그렇게 가르쳤을 때 어떤 사람들이 그에게 이런 질문을 했다고 상상해보자.

"그렇다면 우리는 무엇을 가르쳐야 합니까? 삼위일체에 대한 믿음을 가르쳐야 합니까?"

그때 바울은 이렇게 대답했을 것이다.

"물론 삼위일체도 가르쳐야 합니다만, 나라면 그것에 대해 말하지는 않을 것입니다."

대화는 계속된다.

"그러면 그리스도의 신성을 가르쳐야 합니까?"

"그것도 맞습니다만, 지금 나는 그것에 대해 말하는 것이 아닙니다."

"그럼, 세례입니까?"

"물론, 그것도 필요합니다만….."

"그러면 당신은 우리가 주님의 재림에 대해 가르치기를 원합니까?"

"그것이 지금 내가 말하는 것은 아닙니다."

"그렇다면, 당신은 우리가 무엇을 가르치기를 원합니까?"

"나는 여러분이 그 모든 것들을 가르치기를 원합니다만, 지금 내가 특히 원하는 것은 여러분이 여기 그레데 사람들에게 바른 교리에 부끄럽지 않은 일들을 열심히 행하라고 가르치는 것입니다."

바울이 오늘날의 우리를 위해 주는 교훈은 우리가 그리스도인답게 살아야 한다는 것이다. 그렇게 살면 우리의 기도는 즉시 새 힘을 얻을 것이고, 우리의 간증은 사람들의 마음에 깊이 파고들 것이다. 그렇게 살면 우리의 기쁨이 마치 사막의 샘처럼 즉시 솟아나기 시작할 것이고, 우리는 세상 사람들에게 깊은 인상을 심어주게 될 것이다.

정통 신앙을 가진 형제들 중 일부는 최근 몇 년 동안 다음과 같이 말하기 시작했다.

"다른 이들과 논쟁하는 법을 잘 아는 기독교 변증가(辨證家)들, 즉 기독교 논객들이 나와서 우리의 신앙을 잘 변증해주는 책을 쓴다면, 우리는 자유주의를 극복해낼 수 있을 것이다."

형제들이여, 그렇지 않다! 자유주의를 이기는 방법은 그리스도인답게 사는 것이다. 그러므로 간청하건대, 바른 교리에 부끄럽지 않은 삶을 살기 시작하자.

그리스도처럼 리더십을 발휘하려면, 모든 교리들의 핵심을 간결하고 조화롭게 정리하고, 그 교리를 우리가 섬기는 사람들의 눈앞에서 삶으로 실천해야 한다. 그런 삶은 우리의 마음 속에 바른 교리를 갈망하는 굶주림과 갈증을 불러일으킬 것이다.

> 66 하늘의 아버지! 당신의 거룩한 말씀을 통해 주어진 교리로 인하여 제가 당신을 얼마나 찬양하는지요! 그 교리를 받아들여 날마다 제 삶에 적용하도록 성령께서 능력을 주시니 당신을 찬양합니다. 당신이 주시는 힘으로 바른 교리를 계속 삶 속에서 실천하여 당신의 기대에 부응하게 하소서. 99

LEAD LIKE CHRIST

PART 03

끝까지
그리스도를 좇으라

chapter 13 ———————————————

하나님의 은혜를
어떻게 전할까

모든 사람에게 구원을 주시는 하나님의 은혜가 나타나 딛 2:11

영적 리더십이 단순히 '전문적인 신학 지식을 갖는 것'은 아니라는 점을 명심하라. 신학을 아는 것은 중요하다. 나 역시 신학 공부를 권장하는 사람이다. 신학에는 하나님에 대해 연구가 포함되기 때문이다. 그렇지만 그리스도의 리더십과 같은 리더십은 인간의 지식을 통해 얻을 수 있는 것이 아니라, 성령의 일하심에 따라 좌우된다.

성경을 이해하려면, 우리의 이성이 동원되어야 할 때가 있다. 그러나 성경의 찬란한 아름다운 점들 중 하나는, 성경과 반대 방향으로 가지는 않지만 종종 성경을 넘어서는 일들이 일어난다는 것이다.

구약성경의 선지자들과 신약성경의 사도들은 성경을 넘어

섰다. 예를 들면, 그들은 환상을 보았고, 꿈을 꾸었으며, 경외스런 하나님의 얼굴을 보았다. 그들이 듣고 보았던 것들은 그들의 지성(知性)으로는 도저히 설명될 수 없었다. 그것은 그들이 알고 있던 그 무엇과도 동일시될 수 없었고, 죽음을 면할 수 없는 인간이 가르친 그 무엇과도 달랐다. 그 모든 것들은 인간 두뇌의 능력을 넘어섰지만, 그렇다고 해서 선하고 건전한 추론(推論)과 모순되지는 않았다.

캔터베리의 성 안셀름(Anselm, 1033~1109. 이탈리아 태생으로 '스콜라신학의 아버지'라는 평판을 얻었다)은 이런 유명한 말을 남겼다.

"나는 믿기 위해서 이해하려는 것이 아니라, 오히려 이해하기 위해서 믿는다."

짧지만 유명한 이 문장은 성 아우구스티누스의 "이해하려면 믿어라!"라는 말에 기반을 둔다. 신자에게 있어서는 언제나 믿음이 먼저다. 먼저 믿음을 가지면 그 다음에는 그가 원하는 만큼 깊게, 집중적으로, 넓게 상상하면서 사고할 수 있다. 그의 사고가 믿음의 기초 위에 서 있기 때문이다. 그는 이성을 뛰어넘지만, 믿음을 뛰어넘지는 않는다.

성경을 이해하라

언젠가 어떤 사람이 영국의 복음 전도자 집시 스미스(Gipsy Smith, 1860~1947. 미국과 영국에서 70년 이상 사역한 영국의 복음 전도자)에게 "당신은 이해하지 못하는 성경 구절들을 만났을 때 어떻게 합니까?"라고 물었다. 그때 그는 "생선을 먹다가 뼈가 나왔을 때처럼 합니다. 접시의 한쪽에 놓아두지요!"라고 대답했다.

성경의 분명한 교리와 모순되는 것처럼 보이는 난해한 성경 구절을 만나게 되면, 그것을 한쪽에 놓아두라. 혹시 믿음이 뜨겁다고 하는 열렬한 신자가 나타나 당신에게 "당신이 이해하지 못하는 그 구절에 대해서는 내가 가르쳐주겠습니다"라고 말한다면, 그 사람을 조심하라! 그가 가르쳐주는 것은 다른 25개의 성경 구절들과 모순될 것이기 때문이다.

바울은 대부분의 편지들에서 처음에는 무게 있는 신학을 제시하여 바르고 선한 교리의 기초를 놓고, 그 다음에 그 교리를 기반으로 권면하고 명령하고 촉구한다. 그리고 종종 우리도 그런 식으로 하라고 가르친다. 그는 자신이 그렇게 가르치는 이유에 대해 디도서의 앞부분에서 "구원을 주시는 하나님의 은혜가 모든 사람에게"(딛 2:11, 개역개정에는 "모든 사람에게 구원을 주시는 하나님의 은혜가"라고 번역되어 있다 - 역자 주) 나타났기 때문이라고 설명한다.

당신이 성경을 연구하다가 이해할 수 없는 단어나 개념을 만났을 때, 그 단어나 개념이 '무엇을 의미하는지' 알아내면 분명 도움이 될 것이다. 그러나 그와는 반대로 그것들이 '무엇을 의미하지 않는지' 알아내는 것도 많은 혼란을 피할 수 있는 방법이다.

디도서 2장 11절은 '모든 사람들이 구원 받을 것'이라는 뜻을 담고 있지 않다. 나는 그런 뜻이 담겨 있다고 믿을 만큼 어리석지 않다. 디도서를 쓴 바울이 "믿음은 모든 사람의 것이 아니니라"(살후 3:2)라고 말했기 때문이다. 또한 바울은 "악한 사람들과 속이는 자들은 더욱 악하여져서 속이기도 하고 속기도 하나니"(딤후 3:13)라고 말하기도 했다.

또한 '모든 사람이 하나님의 은혜에 대하여 들어보았다'라는 뜻이 디도서 2장 11절에 담겨 있다고 믿지도 않는다. 구원을 주시는 하나님의 은혜가 모든 이들에게 나타났지만, 그렇다고 해서 온 세상의 모든 이들이 하나님의 은혜에 대한 소식을 들었다고 해석해서는 안 된다. 그랬으면 좋겠지만, 현실은 그렇지 않다.

디도서 2장 11절에 '온 세상의 모든 이들이 하나님의 은혜의 소식을 들었다'라는 뜻이 들어 있다면, 그리스도께서 이미 오래 전에 재림하셨을 것이고, 우리가 '역사'(歷史)라고 부르는 이 무서운 악몽도 이미 끝났을 것이다. 만일 그렇다면, 지금 그리스도께서 땅 끝까지 다스리고 계실 것이고, 사악하거나 죄로 물든 사람은 하나도 없을 것이다. 해 뜰 때부터 해 질 때까지, 해 질 때부터 해 뜰 때까지 악은 전혀 존재하지 않을 것이다.

그렇다면 디도서 2장 11절에 담긴 바울의 말은 무슨 뜻일까? 그는 '신적 존재의 빛나는 나타남'이 있었다고 말하는 것이다. 하나님의 은혜가 하늘에 떠 있는 강렬한 태양처럼 우리 주 예수 그리스도에게 비춰, 그리스도의 사랑과 동정과 자비 그리고 그분의 원수들을 위해 기꺼이 죽을 수 있는 그분의 아름다운 마음을 드러낸다는 것이다! 이 빛나는 은혜는 구원을 가져다주는데, 그 구원은 어느 곳에서든지 사람들이 받을 수 있는 것이다.

하나님의 충만한 은혜

'은혜'라는 말에는 적어도 두 가지 의미가 있다. 많은 이들은 은혜가 하나님의 속성, 즉 성품이라고 해석한다. 은혜는 사랑과 자비와 친절과 호의 같은 그분의 성품인데, 이런 성품 때문에 그분은 아무 자격이 없는 사람들에게 언제나 인자를 베푸신다. 은혜는, 오직 지옥의 판결만을 받아야 마땅한 자들에게 그분 자신과 그분의 사랑 그리고 더 나아가 그분 아들의 보혈까지 쏟아붓는 선을 베푸는 것을 의미한다. 그것이 하나님의 성품이고, 그분 마음의 특징이다.

'성품'이나 '특징'이라는 단어를 사용하는 것이 하나님을 인간처럼 표현하는 것임을 잘 안다. 그렇지만 분명한 것은 내가 그분에 대해 그분의 언어로 표현할 수 있는 경지까지 올라갈 수 없다는 것이다. 우리는 그분에 대해 말할 때는 인간의 언어로 말할 수밖에 없다. 사실, '하나님의 성품'이나 '하나님의 특징' 같은 것은 없다. 하나님은 통합된 단일 존재이시기 때문이다. 성경에 나오지 않는 것을 우리가 추측하여 하나님께 대해 사용한다면, 그것은 우리의 생각과 지성이 인간적인 것들을 그분께 적용한 것에 불과하다. 그분은 누구도 "가까이 가지 못할 빛에"(딤전 6:16) 거하시기 때문이다.

하나님의 은혜의 두 번째 의미를 말할 것 같으면, 그것은 우리의 마음에 임하는 그분의 영향력, 우리의 내면에서 힘을 주는 것, 그리고 능동적인 도덕적 힘을 의미한다.

사도 바울은 그를 너무나 괴롭히는 육체의 가시를 제거해 달라고 기도했었다고 썼다. 그는 그 문제로 세 번 기도했고, 세 번째로 기도했을 때 "[바울아], 내 은혜가 네게 족하도다 이는 내 능력이 약한 데서 온전하여짐이라"(고후 12:9)라는 하나님의 말씀을 들었다. 이 말씀에서 하나님은 그분의 속성(屬性)에 대해 말씀하신 것이 아니다. 이 말씀에서 '은혜'는 사람의 마음속에 들어가 그 사람을 위해 일하는 능동적 힘을 의미한다. 다시 읽어보자.

"내 은혜가 네게 족하도다!"

하나님의 이 말씀에는 "네 가슴 속에서 작용하는 이 영향력과 이 도덕적 힘이 네가 제거하려고 애쓰는 가시를 초월하도록 너를 더 높이 들어올릴 것이다"라는 뜻이 들어 있다. 영적으로 매우 지혜로웠던 바울은 그분의 말씀을 듣고, 즉시 "그러므로 도리어 크게 기뻐함으로 나의 여러 약한 것들에 대하여 자랑하리니 이는 그리스도의 능력이 내게 머물게 하려 함이라"(고후 12:9)라고 반응했다. 그는 하나님의 은혜와 그분의 능력이 하나라는 것을 알았다.

모든 것이 은혜로다!

근본주의의 역사에서 끔찍했던 침체의 시기는 '은혜'라는 단어가 위에서 말한 두 번째 의미, 즉 '우리 안에서 일하시는 하나님의 능력'이라는 의미를 잃어버렸을 때다.

대부분의 사람들은 하나님의 은혜를 그분의 한 가지 속성으로 이해한다. 그러나 디도서 2장 11,12절에서 바울은 은혜가 우리를 변화시킨다고 가르친다. 바울에 의하면, "하나님의 은혜가 나타나 우리를 양육하시되 경건하지 않은 것과 이 세상 정욕을 다 버리고 신중함과 의로움과 경건함으로 이 세상에" 살게 하신다.

이것을 믿는가? 나는 내 안의 모든 것을 다해 이것을 믿는다! 나는 세상의 누구보다 좋지 않은 목소리를 가졌지만, 이 세상의 누구보다 행복한 마음으로 "나 같은 죄인 살리신 주 은혜 놀라워"라고 노래한다!

시간이 시작된 이후 지금까지 하나님이 하신 일은 전부 은혜에서 나온 것이다. 율법에 의한 것은 하나도 없고, 모든 것은 은혜로 말미암은 것이다. 시편 기자는 "내 의의 하나님이여 내가 부를 때에 응답하소서 곤란 중에 나를 너그럽게 하셨사오니 내게 은혜를 베푸사 나의 기도를 들으소서"(시 4:1)라고 기도하곤 했다. 우리의 기도를 들어주시겠다는 의지가 하나님께 있다는 것은 그분의 은혜가 작동하고 있음을 말해준다고 그는 이해했다. 우리의 머리 위에서 빛나는 별들과 태양은 그분의 은혜가 작동하는 것이다. 그분에게서 무엇인가를 얻어낼 자격이 있는 사람은 아무도 없다. 그분은 누구에게도 빚진 것이 없지만, 모든 이들에게 모든 것들을 주신다. 그러므로 온 세상의 모든 감사가 그분에게 돌아가는 것이 마땅하다.

모든 것이 은혜다! 하나님은 은혜로 천지를 지으셨다. 그분이 천지의 기초를 놓으실 때, 그것은 은혜로 가능했다. 창공을 만들어 땅에게 만족을 주셨을 때, 그것은 은혜에 의한 것이었다. 그분이 땅 위에 사람을 만드시고 그의 코에 생기를 불어넣으신 것은 은혜로 말미암은 것이었다. 언제라도 그분이 이루신 것이 있다면, 그것은 그분 마음의 선하심에서 나왔다. 만일 그분의 은혜가 그분 안에 있는 하나의 속성으로만 끝났다면, 그것은 당신과 내게까지 주어질 수 없었다.

하나님의 은혜는 그분의 속성으로 끝나지 않고 사람들의 마음속으로 들어온다. 하늘의 천사들은 그분의 은혜를 우리와 똑같이 이해하지는 못할 것이다. 그래도 그들의 마음속에서 작용하는 그분의 사랑과 은혜로 말미암아 그들 마음이 움직어 행동한다고 나는 믿는다.

하나님의 모든 성품들을 그분 안에 가두어두고 자만(自滿)에 빠지는 일이 없도록 하자. 물론 그 누구도 그분과 공유할 수 없는 그분만의 속성들이 있는 것은 사실이다. 예를 들면, 그분의 자족성, 무한성, 불가해성(不可解性) 같은 것들 말이다. 이런 속성들은 그분께만 속하기 때문에 피조물들과 나누어가질 수 없으시다. 그렇지만 그분이 그들과 나누어 가지실 수 있는 다른 속성들도 있다. 바로 친절, 사랑, 자비, 은혜, 선함, 지혜 같은 것들이다.

당신이 은혜로 구원을 얻었다고 믿더라도 그에 상응하는 거룩함과 의를 향한 노력이 당신의 마음속에서 발견되지 않는다면, 당신은 아마도 속고 있는 것이라고 말할 수밖에 없는 것이 내 솔직한 생각이다. 어떤 사람이 "저는 하나님의 은혜로 말미암아 예수 그리스도를 통해 주어지는 하나님의 구원을 받아들입니다"라고 말할 때, 그에게는 그분의 은혜가 주어진다. 하나님은 이것을 보고 미소 지으시며 그 사람 안으로 들어가실 것이고, 그 결과 그는 신약성경의 도처에서 발견되는 영적 미덕들로 충만해질 것이다.

'선한 행위'라는 열매를 맺는 은혜가 우리를 구원한다. 우리를 구원한 은혜가 이제는 우리 안에서 능동적으로 일하는 힘으로 작용하여 우리를 깨끗하고 선하고 의롭게 만든다.

우리가 이것을 놓쳐서 보지 못하는 일이 없도록 하나님이 도와주시기를 바란다. 그분이 은혜로 우리를 구원하시도록 그분을 믿고 의지하자. 그러면 그 은혜가 우리를 통해 작용할 것이기에 우리는 예수 그리스도의 교리를 더욱 아름답게 빛내는 그리스도인으로 변화할 것이다.

우리가 그리스도인의 봉사와 사역에 헌신하면, 우리는 우리의 섬김을 받는 사람들에게 온전한 진리를 전하겠다는 동기로 충만해질 것이다. 우리가 하나님이 원하시는 그런 존재로 온전히 변화하도록 힘을 주는 것은 온전한 은혜의 진리다.

> 66 오, 주 예수 그리스도시여! 당신이 저에게 주신 은혜로 인하여 제가 당신을 얼마나 찬양하는지요! 저는 그 은혜를 받아들였고, 그 은혜가 제 삶 속에서 일하여 당신께 영광과 존귀를 돌리게 하였습니다. 제가 모르는 것 때문에 혼란에 빠지는 일이 없게 하시고, 제가 당신의 은혜를 통해 알게 된 것을 즐거워하게 하소서. 99

chapter 14

대가를 지불하신
그리스도

복스러운 소망과 우리의 크신 하나님 구주 예수 그리스도의 영광이 나

타나심을 기다리게 하셨으니 그가 우리를 대신하여 자신을 주심은 모

든 불법에서 우리를 속량하시고 우리를 깨끗하게 하사 선한 일을 열심

히 하는 자기 백성이 되게 하려 하심이라 딛 2:13,14

영적 리더십에서 지극히 중요한 한 가지 요소는 그리스도께

서 그분의 백성에게 부여하시는 가치를 이해하는 것이다. 그

분이 우리를 어떻게 생각하시는지를 깨닫기 시작하면, 우리가

지도하고 섬기는 사람들에 대한 우리의 생각이 바뀌게 될 것

이다.

어떤 사람이 어떤 것을 얼마나 귀중하게 여기는지를 알려

면, 그것을 위해 얼마나 큰 대가를 지불할 용의가 있는지를 보

면 된다. 그리스도께서 우리를 대신하여 그분 자신을 주셨다

는 바울의 말을 들을 때, 우리는 우리가 그분께 얼마나 소중한 존재인지를(존재였는지를) 알게 된다. 방금 내가 '존재인지를(존재였는지를)'이라는 표현에서 두 가지 시제를 모두 사용한 이유는 '참 하나님에게서 나오신 참 하나님'이신 예수 그리스도께서 존재하는 모든 시제들을 포괄하시기 때문이다.

그런데 사실 훨씬 더 좋은 것은, 그분에게는 시제가 없다는 것이다. 성경은 "예수 그리스도는 어제나 오늘이나 영원토록 동일하시니라"(히 13:8)라고 증언한다. 이 말씀은 그리스도의 어제와 오늘과 영원에 대해 말하는 것이 아니라 우리의 어제와 오늘과 영원에 대해 말한다. 우리에게는 지나간 날들이 있다. 즉, 우리의 어제가 있다. 하지만 아주 노년의 사람들이라 할지라도, 그들의 어제가 그렇게 긴 어제는 아니다. 또한 우리에게는 오늘이 있는데, 오늘이라는 것은 우리에게서 빨리 사라져버린다. 그리고 결국, 우리에게는 영원한 내일이 주어진다. 그러므로 이런 점들을 모두 고려할 때, 어제와 오늘과 내일이 우리에게 실체가 없는 것이 아니라 실제로 존재한다고 말할 수 있다.

그러나 우리가 이런 시간 개념을 그리스도 안에 계신 하나님께 적용하려고 한다면, 이 개념은 그 의미를 잃고 만다. "하나님이 계셨다"(God was)라고 말하는 것이 불가능하기 때문이다. 우리 주님의 현재의 모든 것은 그분의 과거의 모든 것과 동일하고, 그분의 과거의 모든 것은 그분의 미래의 모든 것과 동일할 것이다. 그렇기 때문에 "나 여호와는 변하지 아니하나니"(말 3:6)라는 말씀이 나오는 것이다.

그러므로 우리가 과거에 예수께 얼마나 귀중한 존재였는지를 말하는 것은 우리가 현재 그분께 얼마나 귀중한 존재인지를 말하는 것이다. 그리고 우리가 현재 그분께 얼마나 귀중한 존재인지를 말하는 것은 우리가 미래에 항상 그분께 얼마나 귀중한 존재일 것인지에 대해 말하는 것이다.

그리스도께서 치르신 대가

성경 전체에 걸쳐서, 즉 구약과 신약 모두에서 '속량'이라는 단어가 발견된다. 속량은 고통을 의미하고, 하나의 가치를 위해 다른 가치를 희생하는 것이며, 귀중한 어떤 것을 얻기 위해 그 대가를 지불하는 것이다.

우리의 그리스도 예수께서는 우리를 속량하시기 위해 지극히 큰 대가를 지불하셨다. 그분에 대해 성경은 "그는 근본 하나님의 본체시나 하나님과 동등됨을 취할 것으로 여기지 아니하시고 오히려 자기를 비워 종의 형체를 가지사 사람들과 같이 되셨고"(빌 2:6,7)라고 말한다. 그리스도께서는 일시적으로 자신을 하나님보다 낮추셨고, "나는 종의 형체를 취할 것이다"라고 말씀하셨다. 주인의 위치에 계셨던 분이 자신을 낮추어 종의 자리로 내려오신 것이다.

"오, 주님! 당신은 사람들을 위해 얼마나 더 많은 대가를 지불하시렵니까?"

이렇게 우리가 물을 때 그분이 어떻게 대답하실지를 상상하는 것은 어렵지 않다.

"나는 죽을 때까지 순종할 것이다. 모든 사람들의 아들들이 죽을 때까지 그들의 죄에 순종하듯이 말이다. 그러나 그들을 위해 나는 이제까지 인류가 생각해낸 가장 고통스런 죽음, 즉 십자가의 죽음을 선택할 것이다!"

이 말씀은 우리 구주께서 우리를 위해 얼마나 많은 대가를 지불하셨는지를 말해준다.

죄에서 구원 받다

자신을 하찮은 존재로 여기고 싶은 유혹을 느낄 때, 그것이 결코 경건한 것이 아님을 알아야 한다. 물론 당신이 교만해져서 자신을 대단한 존재로 여기는 것은 잘못이다. 자신의 죄를 간과하고 자신이 선하다고 믿는 것도 잘못이다. 자신을 남들과 비교한 후에 자신을 그들보다 높이면 잘못된 것이다. 이런 모든 잘못된 것들은 회개하고 고쳐야 한다. 그래야 그런 것들이 다시는 당신의 삶에서 나타나지 않을 것이다.

그러나 그리스도께서 그분 자신을 내어주신 이유가 무엇인가? 그 대답은 다음과 같은 성경 구절에서 발견된다.

"모든 불법적 행위들에서 우리를 속량하시고"(딛 2:14, 개역개정에는 "모든 불법에서 우리를 속량하시고"라고 번역되어 있다 - 역자 주).

이 구절이 킹 제임스 성경에는 "모든 불의에서 우리를 속량하시고"라고 번역되어 있다. 우리의 문제는 '불의'였다. 우리는 불의라는 엉망진창 상태에 빠져 있었지만, 그분이 '모든 불의에서 우리를 속량하기 위해' 그분 자신을 내어주신 것이다.

'모든 불의에서 우리를 속량하기 위해'(redeem us from all iniquity)라는 표현에 사용된 전치사가 '~안에'(in)가 아니라 '~로부터'(from)인 것에 주목하자. 그리스도께서는 그분의 백성을 그들의 죄로부터 구원하실 것이다. 다시 말하지만, 신약성경의 기독교를 해석한다고 하면서 인간의 삶 속에 죄를 허용하는 사람이 있다면, 그의 해석은 틀린 해석이다. 자비, 은혜, 이신칭의를 해석한다고 하면서 외형적 죄든 내면적 죄든 어떤 종류의 죄라도 그 죄를 꾸짖지 않고, 버리지 않고, 회개하지 않는다면, 그 해석은 그리스도의 참 복음이 아니라 복음의 왜곡이다.

그분이 그분 자신을 내어주셨다. 그분이 치르신 대가는 그분 자신이었다. 이것은 우리를 속량하여 깨끗함에 이르고, 또 그분께 이르도록 만들기 위함이다.

세상의 단 하나의 깊은 질병은 '깨끗지 못함'이다. 내가 볼 때, 하나님을 닮지 않은 것이라면 모두 깨끗지 못한 것이다. 성적 문란은 한 가지 깨끗지 못함이고, 다투기 좋아하는 것은 또 하나의 깨끗지 못함이다. 당신이 "오늘 아침 날씨가 참 좋군요"라고 말할 때, "아니오. 제가 볼 때는 그렇지 않은데요"라고 대답하면서 언쟁을 시작하는 사람들이 아마도 일부 있을 것이다. 당신이 그들의 비위를 맞추는 말을 한다 해도 그들은 싸움을 걸 것이다. 당신이 무슨 말을 해도 그들은 시비를 걸 것이다. 그런 사람들이 이 세상에 살 수 있는 이유는 다투기를 좋아하지 않는 사람들의 자비 때문이다. 그들은 자기가 아주 괜찮은 사람이라고 착각하지만, 사실은 그들을 확

짓밟아버리고 싶지만 속으로 꾹 참고 마는 사람들의 거의 무한한 인내심 때문에 별 탈 없이 살아가는 것이다. 다투기 좋아하는 이런 사람들도 깨끗지 못한 것이다.

깨끗지 못한 것들의 예를 또 들자면, 식탐과 게으름을 들 수 있다. 탐닉도 그중 하나다. 교만도 그렇다. 이기주의나 자기 연민, 분개, 무례함도 그렇다. 방금 나는 몇 가지만 예로 들었지만, 사실 하나님에게서 나오지 않은 것은 모두 깨끗지 못하다.

긴 성경 구절들을 줄줄 인용해서 말할 수 있다 할지라도, 성령의 불과 어린양의 보혈로 깨끗게 되지 못했다면 지극히 불행한 사람이며, 장차 주님의 존전에서 쫓겨날 것이다. 그렇게 되는 것은 교리에 대한 확신 때문이라기보다는 마음의 상태 때문이다(물론, 당신의 확신도 깨끗게 되어야 하지만).

깨끗게 되어야 할 필요성

바울의 말에 따르면, 하나님께서는 "우리를 깨끗하게 하사 … 자기 백성이 되게 하려"(딛 2:14) 하신다. 여기에 사용된 '자기 백성'이라는 단어가 킹 제임스 성경에는 '특이한 백성'(peculiar people)으로 번역되어 있다. '특이한'이라는 뜻을 가진 단어 '피큘리어'(peculiar)는 불행하게도 이제까지 원수의 손에 들어가 사용되어 왔다. 구체적으로 말하면, 기독교에서 일어나는 기괴한 일들을 가리키는 데 사용되어 왔다. 그러나 성경에 사용된 이 단어는 '이상한', '비이성적인', '웃기는' 또는 '어리석은' 같은 뜻과는 아무 관계가 없다.

이런 의미를 갖지 않은 '특이함'의 완벽한 모범을 보여주신 분은 예수 그리스도셨다. 그분은 사람들 중에서 행하실 때 지극히 이성적으로 행동하셨다. 그분이 행하신 모든 것들은 6월의 잔디에 내리쬐는 햇빛처럼 논리적이고 건전하고 명백했다. 우리 주 예수님은 좌우로 치우치지 않고, 안정되고, 균형 잡히고, 완벽한 내적 조화를 이룬 정신의 완전한 모범이셨다. 그분의 행동과 말씀과 침묵은 다른 이들의 눈을 휘둥그레지게 만들지도 않았고, '저 사람은 정신적으로 좀 문제가 있는 것 아냐?'라는 의구심을 불러일으키지도 않았다.

그리스도께서 이 땅에 계실 때 어떤 이들은 그분이 안식일에 병자들을 고치시는 것을 이유로 삼아 그분이 귀신 들렸다고 말했다. 그들과 똑같은 말을 한 사람들이 또 있었는데, 그들은 사람 대신 율법을 사랑한 사람들, 아이들을 사랑하지 않고 글의 문자에 얽매인 사람들, 그리고 악한 여자가 용서받는 것을 볼 바에는 차라리 그녀를 지옥에 던져버리길 원하는 사람들이었다. 사복음서를 모두 읽어보라. 그러면 어떤 경우에나 그분이 건전하고 완전히 옳고 정상적인 것만을 행하고 말씀하셨음을 알게 될 것이다.

비이성적이고 황당한 것을 주님의 이름으로 행한 다음에 "나는 그리스도를 위해 바보가 되었습니다"라고 경박하게 말하는 사람들은 자기 자신을 탓해야 한다. 그분을 위해 행동하려는 사람은 그분이 행하라고 명하신 것만을 행해야 한다. 자신이 원하는 것을 행한 후에 "내가 한 일은 그리스도를 위한 것이었습니다"라고 합리화해서는 안 된다. 그것은 주님의 제단에 돼지를 제물로 올리는 것과 같다. 크고 전능하신 하나님은 그것을 받기를 단호히 거부하실 것이다.

특이한 보배

'이상한'(strange)이라는 말이 어떤 의미로 사용되든지 간에, 우리 그리스도인은 '이상한' 사람이 되어서는 안 된다. 그렇지만 우리는 '특이한' 사람들이 되라는 부름은 받았는데, 이것은 "너희는 모든 민족 중에서 내게 특이한 보배가 되겠고"(출 19:5, 개역개정에는 "너희는 모든 민족 중에서 내 소유가 되겠고"로 번역되어 있다 - 역자 주)라는 말씀에서 알 수 있다.

예를 들어 설명해보자. 내 아들은 내게 독특한 존재다. 내게 속한 사람이기 때문이다. 나는 그 아이의 아버지다. 사랑이 그 아이를 내 아들로 만들었는데, 그 방법은 논리적으로 설명되지 않는다. 모든 어머니는 자신의 딸이 가장 영리하다고 알고 있고, 모든 아버지는 자신의 아들이 가장 총명하다고 알고 있으며, 모든 할아버지는 자신의 손자가 가장 머리가 좋다고 알고 있다.

주님은 우리를 그분의 '특이한' 보배로 여기신다. 그분은 한 백성을 그분의 것으로 삼아 깨끗게 해서 특별한 보물로 삼으신다. 이런 경우가 구약성경에 나오는데, 바로 이스라엘이다. 구약성경에서 이스라엘은 특이하고 달랐다. 물론, 웃기는 방향으로 특이하거나 달랐다는 것은 아니다. 이스라엘의 특이함을 보여주는 한 가지 예는 다니엘이다. 그는 바벨론 사람들의 고기를 먹지 않으려고 했다. 그는 하루에 몇 번씩 기도했고, 바벨론의 왕들보다 더 높은 분에 대한 충성심을 가졌으며, 사자굴 속으로 던져질 때에도 더 높은 그 충성심을 버리지 않았다.

신약성경에 등장하는 그리스도인들도 하나님을 위해 구별

된 그분의 특별한 보물이므로 특이하고 달랐다. 물론 황당하거나 바보 같은 의미에서 달랐다는 것은 아니다.

특이한 보배로서 하나님의 것이 되면, 달라지게 마련이다. 그렇게 달라진 사람은 더 큰 충성의 대상을 갖게 된다. 그리고 어떻게 살아야 할지에 대해 명령할 수 있는 권리가 그분께 있다는 것을 인정한다. 인간의 철학들은 왔다가 가버린다. 종교들도 왔다가 사라진다. 인위적인 부흥도 왔다가 없어진다. 치유 운동도 왔다가 가버린다. 새로운 사상도 생겼다 없어진다. 과학적 개념들도 생겼다 없어진다. 그러나 시대가 아무리 바뀌어도 선한 그리스도인들은 항상 하나님을 중심에 모시고, 그리스도처럼 살며, 하나님의 뜻을 행하고, 하나님을 그들의 궁극적인 충성의 대상으로 인정한다. 이런 점들이 우리를 '다른' 존재로 만들지만, 우리를 '어리석은' 존재로 만들지는 않는다. 이런 점들 때문에 우리는 올바른 사람들이 된다.

하나님의 특이한 사람들은 소리 높여 노래하고 후하게 베푼다. 선한 일을 열심히 행한다. 오래 기도하고 열심히 일한다. 성경은 '안락의자에 앉아 있는 기독교'나 '상아탑 속에 둥지를 틀고 있는 기독교'는 인정하지 않는다.

교회가 교회의 비판자들을 침묵시킬 수 있는 방법은 선행이다. 다른 방법은 없다. 교리를 전해보라. 그러면 그들은 우리의 교리를 역이용하여 우리를 공격하려고 시도할 것이다. 성경을 인용해서 말해보라. 그러면 성경의 번역을 문제 삼을 것이다. 그렇지만 경건함과 선행을 문제 삼아 반박할 수 있는 사람은 없다. 심지어 마귀도 그렇게 하지 않을 것이다. 그렇게 해봐야 아무 소용이 없다는 것은 마귀 자신이 더 잘 안다. 경건함과 선행은 모든 이들의 입을 막는다. 비판자들이 당신을 끌고나가 교수형에 처할지라도, 당신이 죽을 때는 당신을 존경할 것이다.

그러므로 결코 닳아 없어지지 않을 또 하나의 아름다운 말씀이 우리에게 주어졌다. 바로 디도서 2장 14절의 말씀이다. 이 말씀에 의하면, 우리 주 예수 그리스도께서 그 자신을 내어주신 것은 우리 특이한 백성을 모든 불의에서 속량하시기 위함이며, 우리를 깨끗하게 하여 그분의 백성으로 삼으시기 위함이다. 이것을 말한 다음 바울은 15절에서 "너는 이것을 말하고 권면하며 모든 권위로 책망하여 누구에게서든지 업신여김을 받지 말라"라고 덧붙인다.

"오! 아버지, 당신이 제 삶에 부어주신 사랑으로 인해 감사합니다. 제 감사함은 당신에게 마땅히 돌아가야 할 감사에 미치지 못합니다. 당신이 저를 위해 이루신 모든 것에 대해 당신을 찬양합니다. 당신이 저를 얼마나 사랑하시는지를 제가 깨닫도록 도우소서."

chapter 15

온전한
리더십

우리를 양육하시되 경건하지 않은 것과 이 세상 정욕을 다 버리고 신중

함과 의로움과 경건함으로 이 세상에 살고 딛 2:12

그리스도처럼 리더십을 발휘하려면, 영적 영역에서 지도자
가 된다는 것이 무엇을 의미하는지를 완전히 이해해야 한다.
영적 지도자가 되는 것은 직업을 갖는 것이 아니라 그리스도
께 충성하는 것이다. 그런 지도자가 되려면, 예수 그리스도께
완전히 굴복하고 자신을 희생해야 한다.

열심히 공부하여 시험에 통과하고 자격증을 얻어서 지도자
의 일을 하기만 하면 영적 지도자가 된다고 생각하는 사람들
이 많다. 그런 생각은 사역에 대한 성경적 사고방식이 아니다.

만일 하나님의 은혜가 당신에게 임했다면, 그 은혜는 당신
의 마음을 움직여 당신을 가르칠 것이다. 그 은혜가 제일 먼저

가르치는 것은 '거부'다. 즉, 그 은혜는 우리에게 부정하고, 버리고, 거부하라고 가르친다. 디도서 2장 12절은 우리에게 두 가지를 거부하라고 가르치는데, 그 두 가지는 '경건하지 않은 것'과 '이 세상 정욕'이다.

하나님에게 속하지 않은 것은 무엇이든지 경건하지 않은 것이다. 그분을 공경하지 않거나 그분에게 무례한 것도 경건하지 않은 것이다. 하나님이 그 안에 계시지 않은 것은 무엇이든지 경건하지 않은 것이다.

은혜는 우리에게 경건하지 않은 것이라면 무엇이든지 거부하라고 가르치는데, 많은 학교에서 받아들여지는 것들이 그 경건하지 않은 것에 포함된다. 우리는 많은 시간을 이교도들의 영향권 안에서 보낸다. 우리의 교육은 유치원 교실에서 손가락으로 그림을 그리는 것으로 시작하여 대학교에서 박사학위를 받는 것으로 끝난다. 그러나 대학교라는 곳에서 하나님의 이름은 히틀러라는 이름이 유대교 회당에서 환영받지 못하듯이 환영받지 못한다.

다른 모든 이들이 긍정하는 것을 부정하거나, 반대로 다른 모든 이들이 긍정하는 것을 부정하려면 일정 수준의 용기가 필요하다. 그리스도인이 약골이라고 생각하는 사람은 그리스도인이 아니거나 그리스도인들과 많이 접해보지 못한 사람이다. 죽은 물고기나 죽어가는 물고기는 뒤집어져서 배를 위로 향한 채 시냇물에서 떠다니지만, 살아 있는 연어는 교회 건물만큼 높은 폭포를 거슬러 올라간다. 하나님의 은혜와 그분의 말씀이 연합하여 그리스도인들에게 가르치는 것은 경건하지 않은 것을 영원히 거부하고 부정하라는 것이다.

오늘날에는 유명 인사들이 성인(聖人)과 선지자가 되어버렸는데, 그들 중 어떤 이들은 경건하지 못한 삶을 살고 있다. 경건하지 않은 것들을 행하는 사람들이 널리 알려진 사람들이라고 해서, 그것들이 거룩해지는 것은 아니다. 그것들은 여전히 경건하지 못한 것이기 때문에 우리는 그것들을 거부해야 한다.

그리스도인들은 고전문학이나 고전미술에 나오는 불경건한 것들도 거부해야 한다. 고전문학이나 고전미술에 나온다 할지라도 음란한 것이라면 결국은 음란한 것이고, 불경건한 것이라면 여전히 불경건한 것이다. 그것들이 고전미술에 등장한다고 해서 선한 것으로 변하는 것은 아니다. 미술교육기관에 가보라. 거기에서 발견되는 것 중 일부는 하나님이 함께하시지 않는 것들이다. 그런 것들을 거부하기 때문에 사람들에게 조롱을 받는다 해도 전혀 개의치 않을 정도의 담대함이 모든 그리스도인에게 있어야 한다.

이런 내 말이 너무 엄하게 들리는가? 그렇다면 예수님의 이 말씀을 기억하라.

"만일 네 오른손이 너로 실족하게 하거든 찍어 내버리라 네 백체 중 하나가 없어지고 온몸이 지옥에 던져지지 않는 것이 유익하니라"(마 5:30).

눈 하나와 손 하나를 가지고 천국에 들어가는 것이 두 눈과 두 손을 갖고 지옥에 가는 것보다 낫다.

정욕을 거부하라

바울이 우리에게 거부하라고 가르치는 두 번째 것은 세상의 정욕이다. 바울은 정욕의 위험성에 대해 다음과 같이 경고했다.

너는 말씀을 전파하라 때를 얻든지 못 얻든지 항상 힘쓰라 범사에 오래 참음과 가르침으로 경책하며 경계하며 권하라 때가 이르리니 사람이 바른 교훈을 받지 아니하며 귀가 가려워서 자기의 사욕을 따를 스승을 많이 두고 또 그 귀를 진리에서 돌이켜 허탄한 이야기를 따르리라 딤후 4:2-4

'정욕'이라는 단어는 욕망, 쾌락, 또는 쾌락에 대한 갈망을 의미한다. 이 단어는 신약성경에서 종종 그 앞에 수식어를 달고 나타난다. 예를 들면 어리석은 욕심, 해로운 욕심, 육체의 정욕, 경건하지 않은 정욕, 전에 따르던 사욕, 청년의 정욕, 알지 못할 때의 사욕, 우리 지체 중에서 싸우는 정욕 등이다.

정욕은 타락한 인간에게 자연스러운 것이다. 심리학자, 사회학자, 저술가, 결혼상담사, 컨설턴트들은 정욕을 옹호하고 합리화한다. 자연스러운 것이기 때문이다. 그러나 성령께서는 성경의 지면을 통해, 그리고 그리스도인들의 마음속에서 세상의 정욕을 거부하라고 가르치신다. 그리스도인은 세상의 정욕을 합리화하는 책을 우연히 집어 들게 된다 할지라도 그냥 그 책을 덮고 돌아선다. 내면의 가르침과 하나님의 책이 그렇게 하라고 가르치기 때문이다.

하나님께서는 진공 상태에 거하라고 우리를 부르신 것이 아니다. 진공 상태에 거한다는 것은 열매 없는 부정적인 삶, 무의미한 삶, 아무것도 하지 않는 삶, 불경건한 삶, 정욕에 빠진 삶, 믿음 없는 삶을 의미한다. 그분은 이런 삶을 버리고 다른 삶을 살라고 우리를 부르신다. 그분이 우리를 '불러내신' 것은 어딘가로 '들어가도록' 하시기 위함이다.

신중함과 의로움과 경건함을 갖춘 삶

그렇다면 우리는 어떻게 살아야 하는가? '살다'(live)라는 멋지고 적극적인 단어에 대해 하나님께 감사하자. 디도서 2장 12절에서 바울은 세 가지, 즉 신중함과 의로움과 경건함을 갖춘 삶을 살라고 우리에게 가르친다.

절제와 자기 통제를 의미하는 신중함은 자기 자신과 관계된 것이다. 자기 통제가 안 되는 사람은 그리스도인이라는 이름값도 못하는 삶을 살게 될 것이다. 근엄함, 자기 통제, 절제, 그리고 자기 지배는 모두 그리스도인의 삶의 신중함과 관계 있다.

우리가 또 살펴볼 것은 의로움이다. 이는 다른 사람들을 향한 태도를 말한다. 성령께서는 우리가 다른 이들을 향해 의롭게 살아야 한다고 성경을 통해, 또 우리의 마음 안에서 가르치신다. 그래서 우리는 다른 이들을 속이지 않는다. 그들에게 강도 짓을 하지 않는다. 그들에 대해 거짓말을 하지 않는다. 그들에 대해 험담하지 않는다.

끝으로, 경건함이 있다. 이것의 특징은 믿음, 공경 그리고 사랑이다. 여기서 나는 경건함을 세 번째로 언급했지만, 사실은 우리가 그리스도인으로서 하나님께 취하는 태도가 제일 먼저 언급되는 것이 맞다. 하나님이 제일 먼저이시고, 그 다음이 내 이웃이고, 나는 제일 나중이다. 그리스도인의 삶에서는 이 순서가 올바른 것이다.

경건하지 못함과 세상의 정욕을 거부하지 않는 사람들은 혼란에 빠져 엉망진창이 된다. 그들이 교회의 일원이 될 수 있을지는 몰라도, 세상의 정욕을 부정하지 않으면 경건해질 수 없다. 그런 사람들은 교회에 다닌다 해도 신중함이나 절제나 자기 통제를 모르고 산다. 경건함과 신중함이 없다면 어떻게 의롭게 살 수 있겠는가?

오늘날 정욕과 죄로 물든 방종 속에서 살아가는 어떤 이들은 "목에 칼이 들어와도 의롭게 살자!"라고 말하곤 했던 옛 청교도나 하나님의 사람들을 경멸한다. 우리의 교부(敎父)들 그리고 그들을 따른 사람들은 근본적이고 철저하고 극단적인 믿음을 가졌다. 롯은 소돔에서 매우 특이한 인물이었다. 노아도 홍수 이전에 매우 특이한 사람으로 간주되었다. 다니엘도 바벨론에서 매우 특이한 존재였다. 마르틴 루터도 독일에서 특이한 사람이었다. 존 웨슬리도 잉글랜드의 썩은 사회에서 아주 독특한 존재였다. 그들은 특이한 존재로 간주되었지만, 신중했고 성령충만했으며 자신을 통제했다.

어떤 사람이 "신중하고 의롭고 경건하게 살면 삶이 얼마나 재미없고 생기 없을까!"라고 말했지만, 이 사람은 잘못 생각한 것이다. 할리우드의 인물 좋은 사람들이 진지한 마음으로 살았던 우리 믿음의 조상들보다 더 우월하다고 믿도록 우리의 생각을 바꾸어놓기 원하는 사람들이 있다. 이런 사람들은 우리 믿음의 조상들을 조롱한다.

당신에게 있는 믿음을 키우고 마음에 힘을 얻기 원하는가? 그렇다면 옛 미국을 세운 이들이 처음 그 땅에 상륙했던 플리머스(Plymouth)로 가보라. 거기서 그들의 비석에 적힌 글들을 읽어보라. 하나님을 공경하고, 이웃을 사랑하고, 자신을 절제시킨 사람들이 미국을 공들여 세웠다는 것을 잊지 말라. 병원들도 대부분 이런 사람들에 의해 세워졌다. 사실 '병원'(hospital)이라는 단어 자체가 신앙과 관련된 상황에서 나왔다.

현대 사회에서 인간의 고통을 줄여준 것은 거의 전부 신중하고 의롭고 경건한 사람들에 의해 이루어졌다. 인간의 마음이 자유 방임의 상태에 빠지고 인간의 생각이 통제를 벗어날 때 우리가 만들어내는 것은 원자 폭탄, 수소 폭탄, 세균전, 그리고 도시들의 파괴다.

나는 이것을 분명하게 말하고 싶다. 무게 잡고 가만히 앉아서 멍하니 앞을 응시하며 끝을 기다리는 올빼미처럼 아무것도 하지 않고 가만히 앉아 있으라고 성령께서 우리를 부르신 것은 아니다! 주님은 살라고, 즉 신중하고 의롭게 살라고 우리를 부르신다. '의롭게'라는 말은 소극적인 의미가 아니라 폭발적이고 역동적이고 적극적인 의미를 담고 있다. 이 의롭지 못한 세상에서 의롭게 살겠다고 결심한 사람에게는 할 일이 참 많을 것이다. 혹시 할 일이 없다고 느끼는가? 의롭지 못한 세상에서 의롭게 살아라. 그러면 틀림없이 할 일이 생길 것이다.

바울은 우리에게 '벗어버리라'라고 가르친다. 무엇을 벗어버리라는 말인가? 당신을 억압하는 사슬을 벗어버리라는 말이다. 그런 다음, 하나님의 한도 끝도 없는 자유를 온전히 받아들여라. 어두움에서 벗어나라. 그리고 하나님의 눈부신 빛을 온전히 받아들여라.

위대한 개혁가 윌리엄 쿠퍼(William Cowper, 1731~1800. 잉글랜드의 시인이자 찬송가 작가)의 〈자비와 심판의 노래〉라는 시에 나오는 한 구절을 깊이 생각해보라.

"하나님의 은혜의 소리가 얼마나 아름다운지요! 저를 당신의 것으로 만들어주는 은혜가 얼마나 달콤한지요!"

하나님의 은혜는 우리에게 선한 사람, 사랑하는 사람, 친절

하고 후히 베푸는 사람, 하나님을 두려워하는 사람, 그리고
절제와 자기 통제와 신중함이 있는 사람이 되라고 가르친다.

> 오, 하나님! 성령의 능력에 의해 경건한 삶을 사는 것이 제
> 행복과 즐거움입니다. 날마다 저 하늘의 문을 향해 걸어갈
> 때 제 삶 속에서 당신과 당신의 본성을 거스르는 모든 것을
> 거부할 수 있도록 은혜와 힘을 주시니 제가 즐거워합니다.

chapter 16

하나님은 우리를
어떻게 보시는가?

우리도 전에는 어리석은 자요 순종하지 아니한 자요 속은 자요 여러 가
지 정욕과 행락에 종노릇 한 자요 악독과 투기를 일삼은 자요 가증스러
운 자요 피차 미워한 자였으나 우리 구주 하나님의 자비와 사람 사랑하
심이 나타날 때에 딛 3:3,4

그리스도의 인도를 받아 발휘되는 리더십의 한 가지 중요한
요소는 우리 자신을 하나님의 관점에서 이해하는 것이다. 그
다음 요소는 우리가 섬기는 사람들을 하나님께서 어떻게 보
시는가를 이해하는 것이다. 이 두 가지를 이해하지 못한다면,
우리는 그리스도와 같은 리더십을 발휘하지 못할 것이 분명하
다. 영적 지도자들은 너무나 자주 그들 자신과 그들이 섬기는
사람들을 그들 주변 문화의 눈으로 바라보는데, 이는 오늘날
반드시 필요한 리더십을 심각하게 훼손시킨다.

바울은 디도서 3장에서 우리로 하여금 성령께서 주시는 지식에 따라 우리 자신을 볼 수 있게 해준다. 디도서 3장 3절은 마치 얼음처럼 차가운 물속으로 풍덩 뛰어드는 것 같은 느낌을 준다.

"우리도 전에는 어리석은 자요 순종하지 아니한 자요 속은 자요 여러 가지 정욕과 행락에 종노릇 한 자요 악독과 투기를 일삼은 자요 가증스러운 자요 피차 미워한 자였으나"(딛 3:3).

그러나 디도서 3장 4절은 따뜻한 물에 기분 좋게 발을 담그는 것 같다.

"우리 구주 하나님의 자비와 사람 사랑하심이 나타날 때에"(딛 3:4).

3절을 좋아하지는 않겠지만, 사실 3절이 없다면 4절도 없다. 디도서 3장 3절을 읽고 "이것은 나에 대한 이야기다"라고 말할 수 있을 만큼 겸손한 사람은 거의 없다. 아마도 이것을 읽은 남편들은 "이것은 내 아내에 대한 이야기다"라고 말할 것이고, 아내들은 이 구절을 읽고 "이것은 내 남편을 두고 하는 말이다"라고 말할 것이고, 자녀들은 "이것은 우리 엄마를 가리키는 말이다"라고 말할지도 모르겠다. 3절에 언급된 것 같은 나쁜 것들이 나오면 우리는 언제나 자기 말고 다른 사람에게 연결시키기 때문이다.

솔직히 말하자면, 이 글을 쓰고 있는 나 자신의 본성도 3절이 나를 가리키는 말이라고 인정하고 싶지 않다. 그러나 아무리 훌륭한 사람이라 할지라도 "어리석은 자요 순종하지 아니한 자요 속은 자요 여러 가지 정욕과 행락에 종노릇 한 자요 악독과 투기를 일삼은 자요 가증스러운 자요 피차 미워한 자"라고 말하는 3절이 자기의 모습을 꽤 정확히 묘사한다고 인정해야 한다. 3절의 이 말씀은 우리에 대한 성령의 묘사이기 때문이다. 우리가 그토록 악한 자라는 성령의 말씀을 믿지 않으면, 우리는 그분이 그토록 선한 분이라는 그분의 말씀도 믿지 않는 것이다.

3절 다음에 나오는 4절에는 다양한 의미를 담고 있는 아주 멋진 한 단어가 나온다. 아주 소박한 이 단어는 '그러나'(But. 이는 저자가 영어 성경을 기준으로 한 말이다. 개역개정에는 이 단어가 나오지 않고, 다만 3절 끝에 간접적으로 표현되어 있다 - 역자 주)이다.

"[그러나] 우리 구주 하나님의 자비와 사람 사랑하심이 나타날 때에"(딛 3:4).

'그러나'(But)라는 단어는 신구약성경 전체에서 강력한 단어

중 하나다. 종종 회개, 구조, 구출 또는 구원을 예고하는 신호탄 같은 역할을 하기 때문이다. 여기서 3절과 4절의 하나님의 구원의 능력 사이에는 아주 많은 것들이 끼어 있다.

하나님의 인자하심

내가 내세에 대해 아주 많이 안다고 말할 수는 없다. 이생에 대해서도 별로 아는 것이 없기 때문이다. 그렇기 때문에 하늘나라에서 벌어질 일들에 대해 이야기하는 것이 매우 조심스러울 수밖에 없다. 그리고 하나님에 대한 어떤 것을 인용하려고 할 때, 그것이 성경에 기록된 것이 아니라면 역시 매우 조심스러울 수밖에 없다.

그럼에도 불구하고 당신이 천성(天城)에 들어갔다고 상상해보자. 거기서 어떤 사람이 당신에게로 걸어온다면 당신은 그 사람이 누구인지 알아보게 될 것이다. 우리의 인격체(人格體)는 내세에서도 계속 존재할 것이기 때문이다. 당신이 천국에서 유령이나 좀비(zombie)처럼 존재할 것이라고 상상하지 말라. 당신은 '당신으로' 계속 존재할 것이다. 다만, 영광스럽게 변한 상태로 말이다! 거기서 누군가 당신을 본다면, 당신을 쉽게 알아볼 것이다. 당신은 여기 이 땅에서 있었던 일들도 기억할 수 있을 것이다. 무덤에서 부활하신 예수님이 그분의 십자가 사건 이전에 그분의 사람들과 함께 계시면서 하셨던 말씀을 기억하셨듯이 말이다. 거기 천국에서 당신을 향해 다가오는 사람을 당신이 이 땅에서 마지막으로 보았을 때, 그가 눈이 돌아갈 정도로 술에 취해 있었다는 것도 기억날 것이다. 이 땅에서 당신은 그가 술에 절어서 살다가 술에 절어서 죽었을 것이라고 믿었지만, 이 땅에서의 그 삶의 역정(歷程)에는 당신이 모르는 어떤 짧은 시기들이 있었을 것이다.

"당신도 여기 천국에 오셨군요."

당신이 먼저 말문을 연다.

"그렇습니다."

그는 당신과 악수하기 전에 미소 지으며 대답한다.

"그런데 어떻게 여기에 오시게 되었습니까? 내가 당신을 마지막으로 보았을 때 당신은 일어서지도 못했습니다. 당신은 희망 없는 알코올중독자였으니까요. 당신의 이름은 일리노이주의 모든 교도소장들과 경찰관들에게 알려져 있을 정도였습니다. 그런데 지금 당신은 여기에 와 있습니다. 이걸 어떻게 설명하겠습니까?"

그는 다시 미소 지으며 대답한다.

"맞습니다. 나는 그런 사람이었습니다. 그러나 우리 구주 하나님의 자비와 사랑이 내게 나타난 후 내게 변화가 일어났습니다."

아마도 당신은 그리스도께서 십자가에 달려 계실 때 그 주위에 있던 많은 사람들은 그분이 구주이신 줄 알지 못했을 것이라고 생각할 것이다. 하지만, 나중에 복음이 널리 전파되었을 때에는 수백 명의 로마인들이 신자가 되었을 것이라고 쉽게 상상할 수 있을 것이다.

나는 이런 상상도 해본다. 천국에서 많은 로마인들이 십자가에서 회개한 강도에게 다가가 이렇게 말한다.

"당신도 여기에 오셨군요. 나는 당신이 반란과 강도와 온갖 종류의 죄 때문에 십자가에 달렸던 때가 기억납니다."

"나에 대한 당신의 말이 모두 맞습니다. 나는 그런 사람이었습니다."

그 강도가 이렇게 인정하고, 계속 말을 이어간다.

"저는 율법에 나오지 않는 죄들도 범했습니다. 여기 천국에 있는 그 누구도 내가 얼마나 악한 사람이었는지 상상조차 못할 것입니다. 내가 얼마나 나쁜 사람인지는 하나님만이 아셨습니다. 그러나 내 구주의 자비와 사랑이 내게 나타났습니다.

그분이 우리 강도 두 명 사이에 달려 계실 때 순간적인 영적 직관을 통해 나는 그분이 구주이심을 알게 되었습니다. 나는 그분께 '나를 기억하소서'(눅 23:42)라고 말씀드렸고, 그분은 '오늘 네가 나와 함께 낙원에 있으리라'(눅 23:43)라고 말씀하셨습니다."

우리 생각에 도저히 천국에 올 수 없을 것이라고 믿었던 사람들이 천국에 오는 경우도 생길 것이다. 물론 그들은 천국에 들어올 수 있는 유일한 방법을 통해 그곳에 온 것이다. 그 사이의 과정이 어떻게 되었는지는 우리가 알 수 없다. 어느 시점부터 그들에 대한 소식을 전혀 들을 수 없었기 때문이다.

"우리 구주 하나님의 자비와 사람 사랑하심이 나타날 때에"(딛 3:4)라는 말씀에 우리는 전혀 놀라지 않는다. 그분의 자비와 사랑이 나타난 것이 사실임을 잘 알고 있기 때문이다. 내가 "대양은 아주 넓다"라고 말한다 해도 누구도 눈 하나 깜짝하지 않을 것이다. 내가 "하늘에서 떨어지는 비는 축축하다"라고 말한다 해도 아무도 반응을 보이지 않을 것이다. 오히려 사람들은 '저 사람은 너무나 당연한 것을 왜 말하지?' 하고 의아해할 것이다. 태양이 밝다고 내가 말해도, 아무도 아무 말을 하지 않을 것이다.

그와 같이, 내가 하나님의 자비와 사랑에 대해 말할 때 어떤 그리스도인도 눈 하나 깜짝하지 않을 것이다. 우리는 그분의 자비와 사랑에 대해 평생 동안 들어왔다. 우리는 그분의 사랑과 자비에 대해 전혀 놀라지 않는다. 본래 그분에게는 사랑과 자비가 있기 때문이다.

　이런 말이 나왔으니 덧붙여 말하건대, 하나님의 자비와 사랑이 너무나 당연한 것이므로 그것을 믿지 않는 불신앙은 아주 잘못된 것이다. 불신앙은 하나님을 하나님으로 믿기를 거부하는 것이다. 신자들이 우리 구주 하나님의 자비와 사랑에 대해 말한다 해도 우리의 주의를 확 끌어당길 수 없는 이유는 그분이 자비로운 분이시고 사랑이시라는 것을 우리가 잘 알고 있기 때문이다. 우리는 그분이 그런 분이시라는 것을 아주 당연하게 여긴다.

　사랑 많고 인정 많은 엄마가 한밤중에 일어나 아기를 돌보는 것은 매우 당연한 일이다. 그러므로 엄마가 새벽 두 시에 일어나 아기에게 젖병을 물린다 해도, 그녀에게 달려가 목에 메달을 걸어줄 사람은 없을 것이다. 본래 그렇게 사랑과 인정이 많은 것이 엄마이기 때문이다.

　이렇게 하나님의 자비와 사랑은 우리가 잘 아는 것이다. 그런데 성경이 말하는 '하나님의 사람 사랑하심'이란 어떤 종류의 사람들을 사랑하신다는 말인가? 우리 구주의 자비와 사랑은 어리석은 자, 순종하지 아니하는 자, 속은 자, 쾌락을 추구하는 자, 악독과 투기를 일삼은 자, 그리고 가증스러운 자에게 나타났다. 왜 그런가?

하나님의 사랑이 갑자기 방향을 바꾸어 저 십자가의 강도를 향해 충만히 흐르기 시작한 것은 그분의 사랑이 죄인들에게 향하기 때문이다! 그렇기 때문에 〈나 같은 죄인 살리신〉 (Amazing Grace) 같은 위대한 찬송가들이 그토록 많은 것이다! 그런 찬송가들을 만든 사람들은 왜 그토록 놀랐을까? 하나님께서 자비로우시기 때문에? 아니다! 하나님의 친절하고 자비로운 사랑이 나처럼 비굴하고 어리석고 불순종하고 속고 정욕으로 가득차고 악의적이고 시기하고 가증스러운 자에게 주어졌다는 사실이 그들을 놀라게 한 것이다!

그렇기 때문에 지금도 찬송가 작가들은 우리가 인간을 향한 하나님의 놀라운 사랑에 대해 노래하도록 만든다.

왜 하나님은 우리를 사랑하시는가?

다윗은 주께 "사람이 무엇이기에 주께서 그를 생각하시며 인자가 무엇이기에 주께서 그를 돌보시나이까"(시 8:4)라고 물었다.

어떤 학자들의 설명에 의하면, 이 다윗의 시에서 '생각하시며'라는 말에는 '마음에 콕 박혀 있는 것'이라는 뜻이 들어 있다고 한다. 우리의 완전하고 크신 하나님의 유일한 별난 점은 인류를 향한 그분의 사랑이 그분 자신도 빼버릴 수 없을 만큼 그분에게 콕 박혀 있다는 것이다! 그분은 그 사랑을 떨쳐버리실 수 없다. 심지어 우리 인간끼리 서로 미워해도 그분의 사랑이 떠나지 않았고, 우리를 향한 그분의 뜻은 변하지 않았다. 전혀!

그렇다면 도대체 그분은 왜 우리를 사랑하시는가? 여기서 나는 세 가지 이유를 말해주고 싶은데, 이것이 영적으로는 도움이 안 될지 몰라도 지적으로는 도움이 될 것이다.

첫 번째 이유는 하나님께서 사랑이시라는 것이고, 그분은 그분의 본질에 부합하는 것만 행하신다는 것이다. 우리는 태양이 빛을 발하는 것이 태양의 본질에 부합한다고 말한다. 새가 날고 물고기가 헤엄치는 것은 그 본성에 맞는다. '사랑'이 '사랑하는 것'은 '사랑'의 본질에 맞는다. 그러므로 우리는 "하나님이 우리를 사랑하시는 이유는 사랑하시는 것이 그분의 본성에 어울리기 때문이다"라고 말할 수밖에 없다.

하나님이 우리를 사랑하시는 두 번째 이유는 우리가 그분의 피조물이라는 것과 그분은 그분이 만드신 모든 것을 기뻐하신다는 것이다. 죄가 세상에 들어와 모든 것을 망쳐놓았을 때 하나님은 모든 것을 다시 만들기 시작하셨고, 지금도 여전히 우리를 사랑하신다. 우리에게 죄가 있음에도 불구하고 우리는 여전히 그분의 피조물의 일부이다.

하나님이 우리를 사랑하시는 세 번째 이유는 우리가 그분의 형상으로 만들어졌다는 것이다. 나는 우리가 그분의 형상으로 만들어졌다는 사실을 세 번째 이유로 제시하는 것으로 이 말을 끝내고 싶지는 않다. 내가 볼 때, 이 사실은 오히려 우리에게 의문을 불러일으키는 측면이 있다. 그것은 '죄 없이 완전하게 자신을 사랑하시는 크신 하나님께서 타락한 인간 안에 있는 그분의 형상의 깨어진 조각들을 보시고 인간 안에 있는 그분 자신을 사랑하시는 것이 가능한가? 그런 하나님께서 그분과 인간 사이의 가족적 유사성 때문에 인간의 속량을 위해 애쓰신다는 것이 가능한가?'라는 것이다.

내가 지금 논하고 있는 이 세 번째 이유에 대해 나 자신이 완전히 확신에 차 있다고 속단하지 말라. 나는 의문을 제기하는 것뿐이다. "하나님께서 우리 안에 있는 그분 자신을 사랑하시는가?"라는 의문 말이다. 아무튼, 분명한 것은 우리가 거듭나야 구원을 얻을 수 있다는 것이다. 이것에 대한 성경적 근거는 다음과 같은 바울의 말이다.

> 우리를 구원하시되 우리가 행한 바 의로운 행위로 말미암지 아니하고 오직 그의 긍휼하심을 따라 중생의 씻음과 성령의 새롭게 하심으로 하셨나니 우리 구주 예수 그리스도로 말미암아 우리에게 그 성령을 풍성히 부어주사 우리로 그의 은혜를 힘입어 의롭다 하심을 얻어 영생의 소망을 따라 상속자가 되게 하려 하심이라 딛 3:5-7

우리가 상속자가 되었다는 점에 주목하라. 상속자가 되었다는 것은 하나님께서 갖고 계신 모든 것을 우리가 물려받는다는 뜻이다. 당신은 하나님의 상속자가 되었다는 것이 믿기 힘든가? 그렇다면, 그것은 3절에서 당신 자신을 발견하지 못하기 때문이다. 즉, 당신이 어리석고 불순종하고 속고 여러 가지 정욕과 행락에 종노릇하고 악의와 시기 속에서 살고 가증스럽고 피차 미워하는 자라는 것을 깨닫지 못했기 때문이다.

만일 당신이 3절에 언급된 사람만큼 악하다는 것을 믿지 않는다면, 당신이 은혜를 받을 만큼 복된 사람이라는 것도 믿지 못할 것이다. 심리적으로 그렇게 될 수밖에 없다. 당신은 하나님을 향해 입을 열어 당신이 얼마나 악한 존재인지를 고백하기를 거부하는가? 만일 거부한다면, 당신의 본성은 당신을 향한 그분의 선하심을 증언하는 온갖 약속들을 당신이 받아들이도록 허락하지 않을 것이다. 그분이 얼마나 선하시고 그분의 은혜가 얼마나 놀라운 것인지를 깨달으려면, 먼저 당신이 얼마나 악한지를 깨달아야 한다.

하나님의 상속자가 된다는 것이 무슨 의미인지를 이해하고 싶다면, 뉴욕 같은 대도시의 빈민가에서 살아온 어린 소년을 상상해보라. 여덟 살 내지 열 살 쯤 된 이 아이는 골목의 쓰레기통 사이에서 살면서, 후미진 곳에서 잠을 자고, 모퉁이 가게에서 과일을 훔치고는 경찰관을 피하곤 했다. 평생 새 셔츠나 새 바지를 입어본 적이 없고, 새 신발을 신어본 적도 없다.

그런데 갑자기 어떤 사람이 찾아와 이 아이를 양자로 삼게 되고, 아이는 길거리 모퉁이에서의 생활에서 벗어난다. 이 아이의 양아버지는 거부였기에 요트나 큰 차를 타고 어디든지 돌아다닐 수 있을 정도였다. 우리는 이 아이에게 이렇게 말한다.

"이제 네가 어떤 사람이 되었는지 아느냐? 너는 상속자다!

이분이 너를 입양했으니, 이제 애리조나 주와 캐나다의 목장들 그리고 플로리다 주의 위쪽 해변과 아래쪽 해변의 넓은 사유지가 네 것이 되었다. 그 모든 것이 네 것이다. 물론, 은행에 예금된 돈도 네 것이고!"

그러나 이 아이는 우리의 말을 이해하지 못하기 때문에, 어쩌면 그의 재산을 아이스캔디 하나와 바꿔 먹을지도 모른다.

우리가 이 아이의 사고 수준에 머문다 할지라도 하나님은 우리를 탓하지 않으신다. 우리는 영적 가난에 익숙해져 있다. 종종 우리는 문과 창문을 걸어 잠근 후에도 "내가 문과 창문을 걸어 잠갔나?" 하며 불안을 느낀다. 우리는 우주의 빈민가에 사는 데 익숙해져 있다. 그런데 누군가 갑자기 우리의 머리에 찬물을 끼얹으며 "너희는 하나님의 상속자다!"라고 말한다면 우리는 머리를 흔들며 "사실 나도 믿고 싶지만, 당신이 무슨 말을 하는 건지 전혀 모르겠어요"라고 대답한다.

성경을 읽고 공부하고, 기도하라. 그리고 하나님께서 생각하시는 방식대로 생각하도록 계속 훈련하라. 그러면 언젠가 조금은 알게 될 것이다. 혹시 여기 이 땅에서는 모를지라도 천국에서는 알게 될 것이다. 우리는 영생의 약속을 따라 상속자가 된 사람들이다.

나는 하나님께서 나와 내 주변의 세상을 어떻게 보시는지를 이해하게 될 때 내 영적 사역을 위한 원동력을 얻는다. 그리고 그분의 관점을 알기 원하는 이런 열정을 내가 섬기는 사람들의 마음속에도 심어주고 있다.

> " 사랑하는 하늘 아버지! 당신 안에 있는 모든 것을 다 이해할 수는 없지만, 제가 당신을 기뻐합니다. 제가 이런 사람임에도 불구하고 당신이 제게 사랑을 주려 하신다는 것이 이해되지 않습니다. 이해할 수는 없지만, 당신의 사랑을 받아들입니다. 그리고 당신이 저를 당신의 형상으로 변화시켜주시기를 간절히 원합니다. "

chapter 17

그리스도를 중심에
모신 종

이 말이 미쁘도다 원하건대 너는 이 여러 것에 대하여 굳세게 말하라
이는 하나님을 믿는 자들로 하여금 조심하여 선한 일을 힘쓰게 하려 함
이라 이것은 아름다우며 사람들에게 유익하니라 딛 3:8

영적 지도자로서 우리가 디도서 3장 8절의 말처럼 사람들에
게 유익을 주려면, 우리가 그리스도와의 관계에서 어떤 위치에
있는지를 알아야 한다. 우리는 그리스도를 중심에 모시는 종
이 되어야 한다. 이것은 우리의 모든 행함이 우리의 중심이신
그리스도에게서 흘러나와야 한다는 뜻이다. 그 중심을 훼손
하는 것이 우리의 삶 속에 있다면, 그것이 무엇이든지 간에 즉
시 처리하여 제거해야 한다.

그리스도를 중심에 모시는 종이 된다는 것은 종의 길을 가
면서 많은 고난을 당하게 된다는 것을 의미한다. 그런 종이

되는 것은 만만한 것이 아니기 때문에 우리가 쉽게 해낼 수 있는 일이 아니다. 그런 종이 되는 것은 성령의 역사에 의해 가능한데, 그 성령의 역사는 우리 삶의 중심이신 예수 그리스도로부터 흘러나온다.

앞에서도 말했듯이, 바울은 디도에게 "오직 너는 바른 교훈에 합한 것을 말하여"(딛 2:1)라고 가르쳤는데, 이 교훈은 우리에게도 해당된다. 이 교훈 다음에 바울은 늙은 남자와 늙은 여자 그리고 젊은 남자와 젊은 여자에게 어떻게 권면해야 할지를 가르쳤다. 바울의 말에 따르면, 늙은 남자는 절제하며 경건하며 신중해야 하며, 늙은 여자도 그와 마찬가지로 경건해야 한다. 또한 바울은 젊은 여자가 신중하며 순전하며 집안일을 하며 선해야 한다고 가르쳤고, 젊은 남자가 신중하며 경건해야 한다고 말했다.

이런 교훈들을 가르친 후에 3장 8절에 이르러서는 다음과 같이 말했다.

"이것들은 좋으며(선하며), 사람들에게 유익하니라"(영어성경 KJV 직역, These things are good and profitable to men. 개역개정에는 "이것은 아름다우며 사람들에게 유익하니라"라고 번역되어 있다 - 역자 주).

'좋다'는 무슨 의미인가?

'좋은'(good)이라는 단어를 알기 위해 굳이 의미론 강의나 전문적인 영어 강의를 들을 필요는 없고, 단지 이 단어의 의미들을 공부하면 된다. 사전에서 이 단어를 찾아보면 여러 가지 의미가 나온다. 이 단어는 당신이 어휘 선택에 어려움을 느낄 때 요긴하게 사용할 수 있는 단어다. 아주 여러 의미를 갖고 있기 때문이다.

디도서 3장 8절에서는 이 단어가 도덕적 의미로 사용되지는 않았다. 바울이 "이것들은 좋다"라고 말할 때, 그는 "이것들은 도덕적으로 선하거나 덕스럽거나 아니면 더할 나위 없이 옳다"라는 뜻으로 말한 것이 아니라, "이것들이 당신에게 가치가 있다"라는 뜻으로 말한 것이다. 즉, "이것들이 당신에게 도움이 되고 유익하다"라는 뜻으로 말한 것이다. 바울이 말하는 '좋은'에는 바로 이런 의미가 담겨 있다. 덧붙여 말하자면, '좋은'으로 번역된 헬라어는 '씨 뿌리는 자'의 비유에도 사용되었다. 즉, "더러는 '좋은' 땅에 떨어지매"(마 13:8)라는 말씀에서 사용되었다.

'씨 뿌리는 자'의 비유에서 '좋은 땅'이 도덕적이거나 덕스러운 땅이라는 의미는 아니다. 넓은 땅덩어리가 도덕적으로 선하다고 말할 수는 없다. 뒤집어놓은 뗏장은 덕스러울 수 없고, 다만 가치 있고 유익할 뿐이다.

의사가 아픈 사람을 진찰한 후 "당신은 이 치료를 받아야 합니다. 이 치료가 기분 좋은 것은 아니지만 그래도 당신에게 좋을 것입니다"라고 말한다면, 그 치료는 '좋은' 것이다. 그 치료는 환자에게 도움이 되고 유익하다는 의미에서 '좋은' 것이다.

우리는 굶주린 아이에게 "이것을 먹으렴. 네게 좋을 거야"라고 말한다. 그것을 먹으면 그 작은 몸에 영양이 공급되기 때문에 즉시 눈이 다시 밝아지고 얼굴에 혈색이 돌아오게 될 것이다. 좋은 음식이 그 아이를 다시 건강하게 해주는 것이다.

우리는 총명한 청소년에게 "네가 고등학교를 졸업하는 것이 좋겠다"라고 말한다. 훗날 그가 다시 찾아와 "제가 고등학교를 졸업했는데, 이제 무엇을 해야 합니까?"라고 묻는다면 "그랬구나. 내가 볼 때, 너는 머리가 좋으니까 대학에 갈 재목이야. 대학에 가면 좋을 테니 진학해서 더 공부하거라"라고 대답할 것이다. 이렇게 말할 때 우리는 대학이 도덕적으로 선한 곳이라는 뜻으로 말하는 것은 아니다. 물론 대학이 그런 곳이 되면 정말 좋겠지만, 대학 진학을 권유하는 우리의 말은 그 청년이 대학에서 이런저런 과목들을 공부하면 유익할 것이라는 뜻으로 하는 말이다.

만일 우리의 영성이 높은 수준까지 올라가서 영원한 것들을 보게 된다면, 그것들이 얼마나 아름답고 장엄한지를 볼 것이기 때문에, 일상생활의 좋고 유익한 것들은 일시적이라고 느껴질 것이다. 병자가 치료를 받고 회복되었다 할지라도 그는 언젠가 결국 죽게 되어 있다. 굶주린 아이가 음식을 먹고 건강을 되찾았다 해도 일정 기간이 지나면 결국 죽을 수밖에 없다. 대학을 졸업한 젊은이도 세월이 가면 늙고 쇠약해져서 그의 배움을 멈추게 된다. 이런 사람들이 얻는 유익은 일시적인 것이다.

영원히 좋고 유익한 것은 무엇인가?

대개의 경우, 사람들이 우리에게 접근하는 것은 그들과 우리의 만남이 그들에게 유익이 되기를 바라는 마음에서 그렇게 하는 것이다. 당신에게 무엇인가를 판매하려는 사람은 당신을 배려해서 그렇게 하기보다는 자신에게 유익하고 좋은 결과를 얻고자 그렇게 한다. 그러나 하나님은 기대와 명령을 갖고 우리에게 다가오시지만, 우리에게 "이것은 나에게 좋을 것이다"라고 말씀하시지 않고, 오히려 "내가 너희에게 말하는 것은 너희에게 영원히 좋은 유익한 것이다"라고 말씀하신다. 언제나 하나님은 '영원'을 염두에 두고 행하신다. 시간이 아무리 흘러도 닳아 없어지지 않는 것을 우리가 소유하고 있다는 것을 생각하면, 정말 놀라고 엄숙해질 수밖에 없다.

그리스도인의 영원한 영혼에 대해 생각해보자. 그의 믿음을 생각해보자. 그에게 중요한 것은 무엇인가? 무엇이 그에게 영향을 주는가? 전능하신 하나님은 전혀 다른 재료로 그를 만드셨다. 그는 전혀 다른 재료로 만들어졌기에 다르게 산다. 요컨대, 그분은 그에게 "닳아 없어질 수 없고 죽을 수 없고 눈으로 볼 수 없는 것을 내가 네게 주었다"라고 말씀하신다. 그분은 땅을 만드셨고, 인간을 만들어 그 땅 위에 거하게 하셨으며, 인간에게 좋은 것 주기를 적극적으로 강렬히 원하셨다.

내 영혼이 완전히 성장하기를 원하시는 하나님은 내가 그분과 영원히 교제를 나눌 수 있도록 적절한 준비를 해놓으신다. 그분은 우리에게 "이것은 좋은 것이고 네게 유익한 것이다"라고 말씀하신다. 이 사실을 깊이 알기 원하는 마음만 있다면, 우리는 "내가 그분의 뜻에 대항해서 싸워서는 안 되고, 오히려 그분의 뜻을 기쁨으로 받아들여야 한다"라는 깨달음에 이르게 될 것이고, 이런 깨달음은 우리의 삶을 바꾸어놓을 것이다.

하나님은 에덴을 만드신 후 동방에 동산을 창설하셨다. 틀림없이 그분은 동산을 사람에게 보여주시면서 "이것은 좋은 것이고 네게 유익하다"라고 말씀하셨을 것이다. 그리고 어떤 과일을 가리키며 또 이렇게 말씀하셨을 것이다.

"이제 이 모든 것들이 네 것이다. 저 모든 나무들에 달려 있는 열매들을 보라. 그런데 저것 하나, 저 열매 하나는 나를 위해 먹지 말아라. 동산의 나머지 모든 것들은 네 것이다. 그것들은 좋은 것이고 네게 유익하다."

그러나 아담과 하와는 불순종하여 죄를 지었고, 하나님께서는 그들을 동산 밖으로 쫓아내셨다. 왜 쫓아내셨는가? 동산 안에 계속 남아 있지 않는 것이 좋은 것이고 그들에게 유익한 것이었기 때문이다! 아담과 하와가 쫓거나 거하게 된 동산 밖은 그들이 유동적이고 유순하고 변화 가능한 존재가 될 수 있는 곳이었다. 동산 밖에서 그분은 그들을 꼭 붙잡아 죄의 상태에서 거룩한 상태로 되돌리실 수 있었다.

그들이 동산 밖으로 나올 때에 탄식한 것은 당연했다. 존 밀턴(John Milton, 1608~1674. 영국의 시인으로 〈실낙원〉의 저자)

은 그의 서사시 〈실낙원〉에서 그들이 동산의 문을 나와 세상으로 들어가는 모습을 그렸다. 밀턴의 묘사에 의하면, 그들은 한때 그들의 행복한 집이었던 곳을 어깨 너머로 뒤돌아보며 우수(憂愁)의 눈빛을 보냈다. 그러나 사실은 그들이 동산을 떠나는 것이 좋은 것이고 그들에게 유익한 일이었다. 하나님은 늘 그렇게 일하시며, "이것이 너희에게 좋고, 이것이 너희에게 유익하다"라고 말씀하신다.

이것은 성경 전체에 걸쳐 계속 나타났다. 하나님께서는 제사와 속량의 제도를 세우시면서 "자, 이제 동물을 죽여서 그 피를 제단 위에 올려놓고 너희 죄를 고백하라. 그렇게 해야 좋고, 너희에게 유익하니라"라고 말씀하셨다. 오랜 세월이 흐른 후에 마리아가 아기를 잉태하고 아기의 이름을 '예수'라고 불렀을 때, 하나님은 모든 이들에게 "이 일은 좋은 것이고 너희에게 유익하다"라고 선포하셨다. 예수께서 소년 시절에 성전에서 입을 열어 가르치셨을 때, 그것은 좋은 것이고 선생들에게 유익한 것이었다. 그리고 그분이 십자가에서 돌아가셨을 때, 만일 볼 수 있는 눈이 사람들에게 있었다면, 그들은 "이것은 좋은 것이고 너희에게 유익하다"라는 글이 불로 쓰인 것을 보았을 것이다.

"하나님은 사람들을 내려다보시다가 그들의 흠을 찾아 벌 주고 괴롭히신다"라는 말은 아주 큰 힘을 발휘하는 마귀의 거 짓말이다. 마귀는 그런 식으로 중상(中傷)하는 비열한 말을 하와에게 해서 그녀를 죄에 빠뜨렸다. 그는 그때부터 지금까 지 하와의 자손들에게 똑같은 거짓말을 해오고 있다. "약자 를 못살게 구는 하나님이 보좌에 앉아 계시다"라고 그는 말한 다. 우리는 짧은 인생을 사는 연약한 존재지만, 마귀는 지극 히 오랜 세월 동안 누구 못지않게 바쁘게 돌아다니며 사람들 의 마음을 하나님에게서 멀어지게 만든다. 그러나 마귀는 하 나님께서 인간에게 자유의지를 주시며 "이것이 너에게 유익하 고 좋은 것이다"라고 말씀하셨다는 것을 잊고 있다. 그분은 인간에게 세계를 주시며 "이것은 좋고 네게 유익하니라"라고 말씀하셨다. 그분은 그분의 아들을 보내어 십자가에서 죽게 하셨고, 죽은 자들 중에서 다시 살리셨고, 그분의 우편에 앉히 셨으며, "이것이 너희에게 유익이고, 이것이 너희에게 좋은 것이 다"라고 말씀하셨다. 언제나 하나님은 우리에게 유익하고 좋 은 것을 말씀하신다는 것을 기억하고 알았으면 좋겠다!

슬픔과 환난 중에도

때때로 주님은 우리에게 약간의 어려움을 주신다. 그분은 슬픔과 고통과 상실과 환난이 우리에게 닥치도록 허락하신다. 하지만 또한 그분은 우리가 "이것이 네게 좋은 것이다. 나는 네게 유익한 것을 주고 싶다"라는 그분의 음성을 듣기 원하신다.

현대인들은 기독교가 수영까지 할 수 있는 주일학교의 멋진 소풍 같은 것이라고 생각하지만, 이것은 완전히 잘못된 생각이다. 사실 그리스도인의 삶은 행복해야 마땅한 삶이다. 그러므로 만일 당신이 하나님과 가까이 살아간다면, 당신의 삶은 매우 행복할 것이다. 하지만 당신의 삶에는 슬픔, 역경, 수고 그리고 환난도 스며들게 마련이다.

그럼에도 우리는 슬픔과 환난이 하나님의 궁극적 뜻이 아니라는 것을 알아야 한다. 천국에는 그런 것들이 전혀 없을 것이기 때문이다. 그렇지만, 이 뒤죽박죽된 세상에서는 우리가 그런 것들을 피할 수가 없다.

사람들로 하여금 그들에게 좋은 것을 행하도록 만드는 일이 왜 그토록 힘든가? 반면, 그들에게 좋든 나쁘든 간에 쾌감과 만족감을 주는 것을 행하도록 만드는 일은 그토록 왜 쉬운가? '우리에게 유익한 것'과 '육신' 사이에서 선택해야 할 때 왜 우리는 100번 중 97번 육신을 선택하는가? 하나님께서 우리에게 현재와 영원 사이에서 선택하도록 하실 때 압도적으로 많은 다수가 현재를 선택하는 것은 무슨 이유 때문인가? 왜 그런가?

내가 볼 때, 원수가 그렇게 만들어서 그렇다. 나는 그 원수의 이름을 안다. 바로 마귀다! 우리를 미워하는 악한 자 마귀가 그렇게 만든다.

우리는 너무나 타락했기 때문에 거의 언제나 장기적인 유익보다 단기적인 쾌락을 선택한다. 우리가 하나님과 육신 사이에서 선택해야 할 경우, 거의 언제나 육신은 승자가 되고 하나님은 패자가 되신다.

단기적인 유익을 포기하고 장기적인 약속들을 선택할 만큼 담대함과 믿음으로 충만한 사람이 하나님의 눈에 띄는 경우는 아주 가끔 생긴다. 모세가 그런 사람이었다. 모세는 하나님의 장기적인 약속들의 유익을 얻기 위해 바로의 궁전을 우습게 여겼다. 히브리서 11장에서 당신은 단기적인 유익을 거부하고 하나님이 주시는 장기적인 유익과 영원을 선택한 사람들의 긴 명단을 볼 수 있다. 하나님께서는 선택의 대상들을 제시하시면서 때로는 "자, 이것이 그렇게 좋아 보이지는 않겠지만, 사실은 좋은 것이고 네게 유익한 것이다"라고 말씀하신다는 것을 기억하라. '우리가 좋아하는 것'이 아니라 '우리에게 좋은 것'을 취하는 법을 배우자. 끝까지 견디며 끝까지 싸우는 법을 배우자!

오늘날 사람들은 비극적인 고난을 당하면서도 그 고난을 통해 조금도 복을 얻지 못한다. 남아프리카공화국의 위대한 목회자 앤드류 머레이(Andrew Murray, 1828~1917. 남아프리카 출신의 목사이자 저술가로서 19세기 네덜란드개혁교회에서 지도적 역할을 했다)는 언젠가 등의 통증으로 엄청난 고통을 당했을 때, 다른 이들과 자기 자신을 위로하기 위해 이렇게 썼다.

"고난이 닥치면 이렇게 말합시다. '그분은 시련을 복으로 바꿔주실 것이다. 시련을 통해 내게 가르쳐주기 원하는 교훈들을 가르쳐주실 것이고, 내게 주기 원하는 은혜를 내 안에서 이루어주실 것이다'."**

사람들은 내게 와서 그들의 슬픔과 아픔을 쏟아놓는다. 나는 많은 이들이 그들의 역경에서 벗어나기 위해 처절하게 애쓰는 것을 보았다. 너무나 안타까운 일이다.

당신에게 달콤한 유혹의 손길을 뻗는 것이 세상이든, 육신이든, 마귀든 간에 언제나 당신은 그 쾌락이 잠시뿐이라는 것을 기억해야 한다. 별로 즐겁지 않은 일이 당신에게 일어나도록 하나님께서 허락하신다 해도, 그것은 앞으로 다가올 세월에 걸쳐 당신에게 유익하고 좋은 것이다. 힘든 길이라 해도 그것이 하나님의 길이라면 그것을 선택하라.

지금 내가 하는 모든 말이 당신의 마음속 깊은 곳까지 충분히 스며들도록 하라. 이 모든 진리들을 통해 당신의 마음을 부드럽게 하고, 당신의 영원한 운명에 대비해 준비하라. 머지않아 당신이 그 영원한 세계로 들어갈 것이기 때문이다. 당신은 십자가를 교묘히 피하고 환난에서 능숙하게 벗어나면서 편안한 육신적 방법으로 그 세계를 향해 갈 수도 있다. 아니면, 천성으로 이끄는 길을 가는 '크리스천'(존 번연의《천로역정》 등장인물)처럼 갑옷을 입고 검을 들고 팔 밑에 활을 끼고, 그 길에 있는 용과 사자와 악한 영에 맞설 준비를 하고 그 세계를 향해 갈 수도 있다.

마귀가 무엇이라고 말하든 간에 언제나 기억하라. 하나님께서 당신에게 말씀하시는 것은 당신에게 좋다는 것을! 하나님께서 명하시는 것을 당신이 좋아하지 않는다 해도, 어떻게든 그것을 행하고 그분께 감사하라. 투덜대지 말고, 불평하지 말고, 인생을 우울하게 살아가지 말라. 모든 것에 대해 그분께 감사하고 다음과 같이 말씀드려라.

> 66 아버지, 이것이 아주 즐거운 것은 아니지만, 어떻게든 즐거워하겠습니다. 당신이 이것을 보내셨고, 이것이 저에게 유익하고 좋다는 것을 알기 때문입니다. 99

** Andrew Murray, quoted in "'In Time of Trouble Say' (Andrew Murray)" by Vance Christie, VanceChristie.com, August 29, 2015, http://vancechristie.com/2015/08/29/in-time-of-trouble-say-andrew-murray/

그리스도의 성품을 드러내라

그러나 어리석은 변론과 족보 이야기와 분쟁과 율법에 대한 다툼은 피하라 이것은 무익한 것이요 헛된 것이니라 이단에 속한 사람을 한두 번 훈계한 후에 멀리하라 이러한 사람은 네가 아는 바와 같이 부패하여 스스로 정죄한 자로서 죄를 짓느니라 딛 3:9-11

역사가 흘러도 사람들이 나아지지 않는다는 것을 생각하면 꽤 우울해진다. 바울이 디도에게 편지를 써보낸 후 많은 시간이 흘렀지만, 지금도 여전히 우리는 영적 문제들에 대해 어리석은 논쟁을 벌이고 있다. 인간의 본성이 여전히 변하지 않은 것이다.

디도서 3장 9-11절에 나오는 바울의 또 하나의 교훈은 율법과 관련해서 족보 이야기를 하지 말라는 것이다. 현대인의 생각으로는 바울의 이 교훈의 의미가 잘 이해되지 않을 수도 있겠지만, 유대 지도자들에게는 족보가 매우 중요했다. 메시아가 '다윗의 자손'(마 22:42)으로, 즉 '아브라함의 자손'으로 오실 것이라고 성경이 가르쳤기 때문이다. 유대 지도자들은 족보를 한 페이지 한 페이지까지 다 보관하다가 만일 어떤 사람이 나타나 자기가 그리스도라고 주장하면 족보를 뒤져서 그 사람의 가족의 역사를 확인했다.

그런데 종교 지도자라는 사람들이 어떤 사람들인가? 당신도 잘 알다시피, 그들은 정상적인 것들을 그냥 내버려두지 않는 이상한 사람들이다. 그들은 족보를 잘못 사용하기 시작했다. 즉, 족보를 일종의 수수께끼로 만들어버린 다음에 그것을 풀기 위한 황당한 해석을 제시했다. 성경을 믿고 의지하지 않았고, 대신 "아브라함이 이삭을 낳고 이삭이 야곱을 낳고 야곱이 요셉을 낳았다"라고 말하는 족보에서 지나치게 깊은 의미를 찾으려고 했다. 그리하여 바울은 그들의 어리석은 변론으로부터 교회를 보호하려고 했다.

진정성 있는 마음

시편 8편 4절에서 다윗은 "사람이 무엇이기에 주께서 그를 생각하시며"라고 주께 묻는다. 인간성을 더 연구하고 성경을 더 읽고 기도를 더 할수록 내가 더욱 확신하게 되는 것은 모든 이들이 진실성을 회복해야 한다는 것이다. 아무리 죄에 빠져 부패한 인간이라도 하나님 앞에서 5분만 진실해진다면 구원받을 수 있다. 예수 그리스도의 피가 깨끗이 씻지 못할 것은 없고, 하나님께서 용서하지 못할 것은 없다.

인류에게 저주를 가져오는 것은 '진실하지 못함'이다. 어리석은 변론과 족보에 집착하는 사람들은 진실성이 없는 사람들이다. 어떤 사람이 높은 도덕적 수준을 보인다 해도 그에게 진정성이 없으면 하나님께서 그를 구원하실 수 없다. 반면, 거짓 없는 마음으로 예수 그리스도를 의지하는 사람은 변화될 수 있다.

이것은 성경에 접근하는 우리의 태도에도 적용된다. 우리 행동의 동기가 되어야 할 것은 경건한 마음으로 하나님의 뜻을 찾는 것, 마음과 생활에서 거룩함을 추구하는 것, 그리스도를 깊이 알기 위해 노력하는 것, 그리고 다른 이들을 가르쳐 이런 것들을 행하도록 만드는 법을 배우는 것이다.

이런 것들이 우리가 성경을 공부하는 유일한 이유들이다. 만일 내가 스푸트니크(Sputnik, 구소련이 발사했던 인공위성)를 찾으려고 성경을 공부한다면, 무익한 의문을 품는 죄를 범하고 어리석음의 잘못을 범하는 것이다. 그런 성경공부는 결국 헛된 것이기 때문이다. 그러나 내가 선하지는 않지만 그래도 진실성이 있다면, 하나님께서는 머지않아 나를 선한 사람으로 만들기 위해 바쁘게 일하실 것이다.

바울은 디모데에게 보내는 편지에서도 족보와 거짓 없는 동기들에 대해 언급했다.

> 신화와 끝없는 족보에 몰두하지 말게 하려 함이라 이런 것은 믿음 안에 있는 하나님의 경륜을 이룸보다 도리어 변론을 내는 것이라 이 교훈의 목적은 청결한 마음과 선한 양심과 거짓이 없는 믿음에서 나오는 사랑이거늘 딤전 1:4,5

바울의 편지에 의하면, 성경의 목적은 우리를 "청결한 마음과 선한 양심과 거짓이 없는 믿음에서 나오는 사랑"의 사람으로 만드는 것이다. 바울은 그의 사람들이 교묘하고 거짓된 성경해석의 올무에 빠지도록 내버려두지 않겠다고 굳게 마음먹었다. 그는 그의 사람들이 거룩한 백성이 되기를 원했다.

시편 1편 1,2절은 "복 있는 사람은 악인들의 꾀를 따르지 아니하며 죄인들의 길에 서지 아니하며 오만한 자들의 자리에 앉지 아니하고 오직 여호와의 율법을 즐거워하여 그의 율법을 주야로 묵상하는도다"라고 말한다.

어떤 선생들은 "구약 시편의 일부는 메시아를 예언하는 시들인데, 시편의 첫째 편은 예수 그리스도에 대한 묘사다"라고 말한다. 그들의 이런 해석이 어떤 결과를 낳는지 아는가? 이런 해석은 우리를 온갖 책임에서 즉시 벗어나게 해준다. 이런 해석은 "악인들의 꾀를 따르지 아니하며 죄인들의 길에 서지 아니하며 오만한 자들의 자리에 앉지" 않아야 한다는 교훈을 따라야 할 책임에서 우리를 완전히 해방시킨다! 그들의 황당한 해석에 따를 경우, 우리는 온갖 책임에서 벗어나게 되는 것이다.

이런 식으로 성경을 해석한 예를 또 들자면, 고린도전서 13장에 대한 해석을 말할 수 있다. 사실, 고린도전서 13장은 성경 전체에서 다른 어떤 장(章)보다도 우리를 더 큰 어려움에 빠뜨리는 '매우 아름답고도 무서운 장'이다. 그런데 어떤 선생들은 "고린도전서 13장 1절도 예수님에 대한 묘사다"라고 말한다.

내가 사람의 방언과 천사의 말을 할지라도 사랑이 없으면 소리 나는 구

만일 이 구절이 예수님에 대한 묘사라면 당신과 내가 이 구절의 교훈에 따라야 할 의무는 전혀 없게 된다. 그러나 고린도 전서 13장은 예수님을 묘사하기 위해 쓰인 것이 결코 아니다. 이 장은 그리스도인들이 어떻게 사랑해야 하는지를 가르쳐준다. 이 장이 가르치는 사랑으로 우리의 마음을 채우려면, 기도와 복종과 믿음 가운데 모든 것들을 행하여야 한다. 그렇게 행할 때 비로소 우리는 이 장에 대한 잘못된 해석에서 벗어날 수 있다.

어떤 사람이 화형으로 순교할 각오도 되어 있고, 가난한 자들을 먹이고, 방언의 은사와 예언의 은사를 가지고 있다고 상상해보자. 그토록 대단한 사람이라도 사랑이 없고 그의 동기가 나쁘면, 그는 아무 유익도 얻지 못한다. 그런 슬픈 일을 피할 수 있는 쉬운 방법은 예수 그리스도만을 바라보는 것이다.

내가 이런 말을 하는 것은 다른 이들을 괴롭히기 위함이 아니다. 나는 사람들에게 친절하고 싶다. 내가 이런 말을 하는 것은 시편 1편의 구절과 고린도전서 13장의 구절이 나에게도 적용되어야 한다고 믿기 때문이다. 나는 이 구절들이 우리 주 예수 그리스도에 대한 묘사에서 끝나지 않고, 나 자신에 대한 묘사가 되도록 만들기 위해 기도하고 노력할 것이다.

분열을 일으키는 사람들을 어떻게 해야 하는가?

디도서 3장 10절에서 바울은 "이단에 속한 사람을 한두 번 훈계한 후에 멀리하라"라고 말한다.

우리가 알고 있듯이, 이단자는 거짓 선생이다. 거짓 선생은 진리를 가르치지 않는다. 그는 성경에서 어떤 것들을 뽑아내어 그것들로 '비진리의 체계'를 만들고 그 체계를 가르친다. 그러나 바울이 '이단에 속한 자'라는 표현을 사용했을 때에는 이런 거짓 선생이라는 의미로 말한 것이 아니다. 헬라어에서 '이단자'라는 말은 어떤 이유에서든지 간에 분개하고 불쾌감을 느끼는 자, 감정에 상처를 입은 자, 때때로 불평하는 몇 명을 모아서 다른 그리스도인들이나 대중과 교류하지 않는 조용한 작은 저항집단을 만드는 자를 의미했다. 이런 의미의 '이단자'는 거짓 선생이 아니라, 분열시키는 자, 말썽을 일으키는 자, 남들에게 피해를 주는 비판자일 뿐이다.

디도서 3장 10절에서 "멀리하라"라는 말은 '피하라'라는 뜻이다. 그런데 처음부터 피하라는 것이 아니고, 이 구절이 말하듯이 "한두 번 훈계한 후에" 피하라는 것이다. 분열을 일으키는 사람을 처음부터 내쳐서는 안 된다. 한 번, 어쩌면 두 번 그를 조용히 훈계한 후에도 그가 언행을 바꾸지 않으면 그때 그를 피하라. 바울의 이 교훈은 마태복음 18장 15-17절에 나오는 예수님의 말씀과 일치한다. 예수님의 말씀에 의하면, 어떤 사람이 우리에게 죄를 범하고도 우리의 훈계를 들으려고 하지 않을 경우, 우리는 다른 이들과 함께 그에게 다시 가서 훈계하고, 그래도 듣지 않으면 교회에 말해야 한다. 교회의 말도 듣지 않으면 "이방인과 세리와 같이 여기라"(마 18:17)라는 것이 예수님의 가르침이다.

디도서 3장 14절은 "또 우리 사람들도 열매 없는 자가 되지 않게 하기 위하여 필요한 것을 준비하는 좋은 일에 힘쓰기를 배우게 하라"라고 말한다. 바울은 게으름과 무책임을 참을 수 없었고, 나태함과 '열매 없음'을 용납할 수 없었다. 나는 바울이 열매 없는 나무를 보았을 때 마음 아파했을 것이라고 상상하게 된다. 그런 바울은 엄지손가락을 만지작거리며 시간만 낭비하는 그리스도인을 보게 되면, 즉시 자리에 앉아 편지를 써서 그에게 이렇게 단호히 말했을 것이다.

"일어나 움직여서 일하러 가십시오. 하나님의 말씀에 힘입어 움직이시오. 상아탑 안에 앉아 머리로만 그리스도인 노릇을 하지 마십시오. 실제로 일을 해서 유익한 사람이 되십시오."

우리 속에 있는 증표

존 번연의 고전 작품 《천로역정》(The Pilgrim's Progress)을 보면, '소망'과 '크리스천' 그리고 다른 순례자들이 강을 건너야 하는 상황이 나온다. 나이 많은 '크리스천'이 물속으로 가라앉을 것 같은 순간에 '소망'이 "힘내세요! 내가 모래톱을 보았습니다!"라고 말하면서, 그를 단단한 땅 위로 끌어올린다. 이내 그들 모두는 강 저편에 도달하고, 거기에는 천성으로 들어가는 큰 문이 있다.

'크리스천'과 '소망'이 천성 안으로 받아들여져 들어간 후 '무지'(無知)라는 이름의 순례자가 그 큰 문 앞에 도착하여 "문을 열어주세요. 제가 여기 왔습니다"라고 말한다. 자신이 중요한 존재라는 착각에 빠진 건방진 '무지'는 무리보다 뒤쳐져 있다가 늦게 도착한 것이다.

"당신의 증표가 어디에 있습니까? 당신의 자격 증명서 말입니다"라고 정문의 노인이 묻는다.

"뭐라고요? 나는 그런 거 없는데요."

"좋아요. 그렇다면, 당신은 저 아래로 내려가시오."

바로 이 대목에서 존 번연은 그의 위대한 책을 다음과 같은 무서운 말씀으로 끝맺는다.

"그때 나는 심지어 '천국의 문에서 지옥으로 가는 길'도 있다는 것을 알게 되었다."

그리스도인의 길을 가면서도 참 신자의 증표가 마음속에 없는 사람들이 많이 있다. 그들은 자기에게 그런 증표가 있다고 착각하지만, 결국 이 땅의 삶이 다 끝났을 때 '천국의 문에서 지옥으로 가는 길'을 걷게 될 것이다.

"내게는 당연히 증표가 있다!"라고 쉽게 생각하지 말라. 만일 당신의 마음속에 진실성과 겸손 그리고 믿음이 있다면, 하나님께서는 당신을 지켜주기 위해 당신의 둘레에 담을 만들고 그분의 천사들을 보내실 것이다. '내게는 당연히 믿음이 있다!'라고 쉽게 생각하는 사람은 자신을 다시 살펴보아야 한다. 하나님께서 당신을 받아들이셨는지, 그리고 그분의 증표가 당신 안에 있는지를 확인하라! 바울이 그의 편지를 끝내면서 디도에게 한 말을 늘 마음에 품고 살아라. "은혜가 너희 무리에게 있을지어다"(딛 3:16)라는 말씀 말이다!

"오! 하나님, 제가 순례의 길을 갈 때 저는 동기를 얻기 위해 당신을 바라봅니다. 그리고 저 천성에 들어갈 때까지 당신을 섬길 수 있는 자격을 얻기 위해 당신을 신뢰합니다."

chapter **19**

우리가 싸워야 할
영적 전투

이르시되 너희 믿음이 작은 까닭이니라 진실로 너희에게 이르노니 만
일 너희에게 믿음이 겨자씨 한 알 만큼만 있어도 이 산을 명하여 여기
서 저기로 옮겨지라 하면 옮겨질 것이요 또 너희가 못할 것이 없으리라

마 17:20

내가 이 책에서 아직 설명하지 않은 한 가지 주제는 영적 전
투다. 예수께서 영적 전투에 대해 하신 말씀을 집중적으로 살
펴보기 위해 나는 이 장(章)에서 디도서 밖으로 나가려고 한
다. '예수님의 사역'이라는 관점을 가지고 복음서들을 읽어보
면, 그분이 얼마나 많은 영적 전투를 치르셨는지 어렵지 않게
볼 수 있을 것이다.

영적 전투는 오늘날의 지도자들의 사역에서 아주 중요한 부
분이다. 그럼에도 너무나 자주 무시되거나, 아니면 지나치게

강조된다. 한 가지에 초점을 맞추기 위해 나머지 다른 것들을 모두 배제하면 이단이 생긴다는 것을 기억하라!

영적 전투 뒤에는 마귀가 있다. 누가복음에 나오는 다음 사건의 기록을 보자.

예수께서 성령의 충만함을 입어 요단 강에서 돌아오사 광야에서 사십 일 동안 성령에게 이끌리시며 마귀에게 시험을 받으시더라 이 모든 날에 아무것도 잡수시지 아니하시니 날 수가 다하매 주리신지라 눅 4:1,2

믿기 힘들지만, 우리를 멸하려고 하는 원수는 광야에서 예수님을 멸하려고 했던 원수와 동일한 존재다. 그런데 이 성경 구절이 예수께 대해 "광야에서 … 성령에게 이끌리시며"라고 말한다는 점에 주목하라. 우리는 영적 전투를 치를 때에 "성령님, 저를 인도해주소서"라고 구해야 한다.

훗날 그리스도께서 사역하실 때, 어떤 사람이 그분의 제자들에게 와서 "귀신이 내 아들에게 발작을 일으키니 내 아들을 고쳐주소서"라고 간청했다. 이것은 제자들이 처음 겪게 된 영적 전투였지만, 그들은 실패하고 말았다.

예수께서 그 아이를 고쳐주신 후에 제자들이 "어찌하여 우리는 귀신을 쫓아내지 못했습니까?"라고 물었고, 예수님은 "기도와 금식이 아니면 이런 유가 나가지 아니하느니라"(마 17:21의 난외주)라고 설명해주셨다(마 17:14-21 참조).

마귀가 일하는 방법들을 성경에서 연구해보면, 그가 똑같은 공격 방법을 자주 사용하지는 않는다는 것을 알게 될 것이다. 광야에서 예수님을 공격하기 위해 독특한 방법을 사용한 마귀는 지금 우리를 쓰러뜨리기 위해 역시 독특한 상황을 만들어 공격한다.

영적 지도자로서 우리는 영적 전투에 대비하여 우리 자신과 우리의 교인들을 준비시켜야 한다. 우리를 가로막는 저항을 못 본 체하는 것은 우리가 섬기는 사람들과 우리 자신을 큰 위험에 빠뜨리는 것이다. 영적인 일들에서는 어떤 것이라도 소홀히 취급해서는 안 된다.

우리의 힘의 근원

내가 볼 때, 우리에게 시급한 일은 우리 앞에 놓인 영적 전투를 감당하는 데 필요한 힘의 근원이 무엇인지를 아는 것이다.

이 문제에서 핵심적인 것은 예수님이 제자들에게 하신 말씀, 즉 "기도와 금식이 아니면 이런 유가 나가지 아니하느니라"라는 말씀에 표현된다. 이제 우리는 기도와 금식에 온 힘을 쏟아야 한다. 중요한 것은 우리가 전투에 대비해 준비를 하는 것이다. 즉, 원수의 공격이 있기 전에 우리 자신을 기도로 준비하는 것이다.

우리가 좋아하는 구약의 한 가지 이야기는 다윗과 골리앗의 이야기이다. 만일 당신이 주일학교를 다녔다면, 이 이야기를 백 번은 들었을 것이다.

당신도 기억하겠지만, 사울 왕은 다윗이 누구도 당할 수 없는 적 골리앗에 맞설 수 있도록 그를 갑옷과 놋 투구로 준비시키려고 했다. 그런데 이 대목에서 나는 이렇게 묻고 싶다. 자신의 갑옷과 투구가 골리앗을 이기도록 해줄 것이라고 믿었다면, 왜 사울 자신이 갑옷과 투구로 무장하고 직접 나가서 골리앗과 싸우지 않았는가?

사울 왕과 달리 다윗에게는 원수와 싸울 수 있도록 준비시킬 수 있는 분은 오직 하나님이심을 깨달을 수 있는 영적 이해력이 있었다. 다윗은 갑옷과 투구를 벗었고, 골리앗에 맞서기 위해 돌 다섯과 물매를 취하였다. 다윗과 골리앗의 싸움은 누가 보아도 균형이 맞지 않는 싸움이었다. 성경에는 "다윗이 블레셋 사람에게 이르되 너는 칼과 창과 단창으로 내게 나아오

거니와 나는 만군의 여호와의 이름 곧 네가 모욕하는 이스라엘 군대의 하나님의 이름으로 네게 나아가노라"(삼상 17:45)라는 기록이 나온다.

적과 맞서 싸우기 위해서는 우리 자신을 준비해야 한다는 생각이 우리를 유혹하지만, 그렇게 한다고 해서 승리를 얻는 것은 아니다. 영적 전투에서 우리는 '만군의 여호와의 이름으로' 나아가야 한다!

다윗과 골리앗의 싸움에 대한 기록에서 내 마음을 착잡하게 하는 것은, 만일 다윗이 골리앗에게 지면 블레셋에게 완전한 승리가 돌아가게 될 것을 뻔히 알면서도 사울 왕이 십 대 소년 다윗을 골리앗 앞으로 나아가게 허락했다는 것이다. 골리앗은 당시 이스라엘 군대의 어떤 군인보다도 열 배나 강한 전사가 아니었던가? 다윗의 패배가 이스라엘 전체의 패배가 될 수도 있었다는 것은 지도자들이 심각하게 생각해보아야 할 부분이다. 만일 지도자인 우리가 전투에서 원수에게 진다면, 우리의 패배는 많은 사람들에게 영향을 끼칠 것이다.

지도자가 패배하면 그에 따른 이차 피해가 발생하게 된다. 그런데 지도자가 승리해도 이차 피해가 있게 된다. 내 말은, 지도자가 승리하든 패배하든 이차 피해가 생길 수밖에 없다는 것이다.

예를 들어보자. 지도자인 우리가 적에게 맞설 때 친구들, 또는 우리가 친구라고 생각했던 사람들이 우리를 버려두고 도망할 것이다. 그들은 문화와 타협하기를 원한다. 그들 삶의 방식이 문화에 깊이 물들어 있기 때문이다. 교회가 적의 어떤 부분에 맞서 싸우기 때문에 교회를 떠난 사람들을 생각할 때, 내 마음이 슬퍼진다. 그들의 선택을 설명하는 것이 쉽지는 않은데, '그들은 주변의 문화에 깊이 물든 육신적 그리스도인이다'라는 설명 외에는 달리 설명할 길이 없는 것 같다.

지도자는 홀로 싸워서는 안 된다

여기서 분명히 짚고 넘어가야 할 것은 오직 교회 지도자들만이 영적 전투를 해야 하는 것은 아니라는 것이다. 물론, 다윗은 홀로 골리앗에 맞섰다. 우리도 각자의 골리앗에 홀로 맞서야 한다. 하지만 사람들이 적에 맞서 싸우도록 규합하는 것도 모든 영적 지도자의 우선적 의무사항이다.

지도자인 우리에게는 하나님의 말씀을 전해야 할 의무가 있다. 이 점은 바울이 디도서에서 강조하는 것이고, 또 내가 이 책에서 대략적으로나마 보여주려고 애썼던 것이다. 지도자인 우리는 성도들이 적에 맞서 싸울 때 필요한 갑옷을 입을 수 있도록 말씀을 전해야 한다.

사도 바울은 "마귀의 간계를 능히 대적하기 위하여 하나님의 전신 갑주를 입으라"(엡 6:11)라고 말한다. 전신 갑주를 입는 훈련은 모든 신자가 매일 해야 하는 것이다.

그리스도처럼 리더십을 발휘하려는 사람으로서 나의 책임은 하나님의 전신 갑주를 입고 영적 전투에 임하는 훈련을 우리 교인들에게 시키는 것이다. 하나님의 전신 갑주를 입지 않으면 마귀의 간계를 능히 대적할 수 없다. 마귀는 어떤 버튼을 눌러야 할지를 알고, 또 우리의 약점을 파고드는 방법을 안다.

그러므로 영적 전투를 해야 하는 신자들에게는 서로가 필요하다. 함께 모여야 한다. 우리가 함께 모여야 하는 한 가지 이유를 들자면, 대부분의 그리스도인들이 그리스도인이 거의 없는 곳에서 일한다는 것이다. 심지어 어떤 그리스도인들은 다른 그리스도인이 전혀 없는 상황에 놓일 수 있는데, 분명히 이것은 그들에게 좋지 않은 영향을 끼친다. 그렇기 때문에 우리는 함께 모여 서로를 격려하고 서로를 위해 기도하는 것이다.

만일 우리의 원수가 우리의 모임을 막을 수 있다면, 그는 신자들의 삶에 절망의 씨앗을 심을 수 있는 발판을 갖게 되는 것이다. 이 말을 허투루 듣지 말라. 일을 그렇게 진행시키려는 것이 원수의 계획이다.

리더십을 발휘하는 데 있어서 자기를 과신하는 것은 큰 문제다. 영적 전투에 있어서는 더 그렇다. 많은 집회들은 우리의 마음과 생각을 온전히 쏟아붓기만 하면 하나님께 받은 사명을 능히 이루어드릴 수 있다는 신념을 우리에게 더 깊이 심어 준다. 그러나 하나님께 받은 사명을 우리의 힘으로 이루어드릴 수 있다면, 왜 우리에게 그분이 필요하겠는가?

하나님께서 준비된 사람들을 부르시지 않고 사람들을 불러서 준비시키신 경우들이 있다. 이것에 대한 전형적인 예를 구약에서 찾자면 기드온 이야기가 있다. 하나님은 이스라엘을 미디안 족속에게서 구원하기 위해 기드온을 부르셨다. 그런데 그분은 기드온이 그 사명을 감당하는 데 필요한 것을 갖고 있었기 때문에 그를 부르신 것이 아니었다. 기드온에게는 하나님께서 잘 다듬어서 사용하실 만한 그 무엇이 있었을 뿐이고, 그분은 그가 사명을 잘 감당할 수 있도록 그를 준비시키셨던 것이다.

우리를 사용하려고 하실 때, 하나님은 우리의 인간적 능력으로 이룰 수 있는 것을 보시지 않는다. 그분은 그분의 목적을 이루기 위해 사용하실 수 있는 도구를 찾으신다. 나의 인간적 능력이 적으면 적을수록, 그분이 나를 통해 일하여 그분의 이름과 영광을 높일 수 있는 기회는 더 커진다.

기드온은 이스라엘의 해방을 위해 하나님께 부름 받았다는 것을 깨달았지만, 자기에게 그럴 만한 자격이 있다고 믿지는 않았다. 그의 앞에 놓인 과업은 그가 감당할 수 있는 범위를 벗어나는 것이었다. 그는 하나님께서 그분의 목적을 이루기 위해 사용하기 원하시는 보통 그리스도인들을 대표하는 전형적인 예라고 할 수 있다. 기드온이 하나님께 "주께서 … 내 손으로 이스라엘을 구원하시려거든"(삿 6:36)이라고 말씀드린 것은 그분에 대한 불신의 표시가 아니라 자기 자신에 대한 불신의 표시였다. 내가 볼 때, 그의 이 말 속에는 "하나님은 왜 저를 택하려고 하십니까?"라는 뜻이 들어 있다. 그는 그의 자신감을 키우려고 했던 것이 아니라, 그를 부르신 하나님의 뜻을 이해하기 원했다. 하나님께서 무슨 일을 시키려고 우리를 부르셨는지를 분명히 아는 확신이 우리에게 있어야 한다.

그렇기 때문에 기드온은 그분께 "하나님께서 저를 불러 사명을 맡기기 원하신다면, 제가 양털을 밖에 내놓게 하소서. 아침까지 양털이 젖고 그 주변 땅이 마르면, 제가 하나님을 믿겠습니다"라고 말씀드렸다(삿 6:37 참조).

여기서 흥미로운 점은 기드온의 자신감 결여 때문에 하나님께서 뒤로 물러서지 않으셨다는 것이다. 그 다음날 아침, 양털의 상태는 기드온이 기도했던 대로 되어 있었다!

기드온과 같은 인물을 신약성경에서 찾자면, 도마를 들 수 있다. 많은 이들은 도마를 가리켜 '의심하는 도마'라고 생각하지만, 나는 그를 그렇게 부르는 것이 옳은지 의문스럽다. 도마가 다른 제자들에게 "주님이 살아 계시다는 것을 내가 믿으려면, 그분의 상처를 보아야 한다"라고 말했을 때, 그는 "내가 보지 않으면 믿을 수 없다"라고 말한 것일 뿐이다. 그런데 그가 그렇게 말했을지라도 주님이 뒤로 물러서신 것은 아니었다. 그 다음 주, 주께서 나타나시어 그의 요구를 들어주셨기 때문이다!

밖에 내놓은 양털에 무슨 일이 일어났는지를 보았음에도 불구하고 기드온은 하나님께서 사용하시려고 하는 사람이 바로 자기인지 완전히 확신할 수 없었다. 그리하여 그는 처음에 하나님께 기도했던 것과는 완전히 반대되는 것을 해달라고 그분께 구했다. 즉, 양털은 마르고 그 주변의 땅은 젖게 해달라고 그분께 말씀드렸다. 그 다음 날 아침, 역시 그가 구한 대로 정확히 응답되었다!

이 모든 일을 경험했기 때문에 기드온은 이스라엘을 구하는 일이 그의 마음의 소원에서 나온 것이 아니라 하나님께서 주시는 사명이라는 것을 확신하기에 이르렀다. 기드온 앞에 놓인 전투는 그가 감당할 수 없는 것이었기 때문에, 그는 하나님께서 무슨 일을 하려고 하시는지를 정확히 알고 확신하기를 원했던 것이다.

영적 지도자로서 종종 우리는 하나님께서 우리에게 시키시지도 않은 전투를 벌이곤 한다. 우리는 문화적 전투, 정치적 전투 그리고 재정적 전투에 뛰어들지만, 이 모든 것은 우리가 얼마나 강한 하나님의 사람들인지를 우리 주변 사람들에게 보여주기 위함일 뿐이다.

그리스도를 믿는 믿음

기드온의 믿음 같은 믿음을 가진 영적 지도자들, 즉 자기 자신을 믿는 믿음이 아니라 사명을 주시는 하나님을 믿는 믿음을 가진 영적 지도자들이 우리에게 더 많이 있어야 한다. 하나님의 부르심을 아는 일은 우리의 능력과 아무 관계가 없고, 오직 그분의 뜻하고만 관계가 있다. 그분은 그분의 뜻을 그분의 능력으로 이루어드릴 사람들을 골라내고 계신다.

하나님의 뜻을 찾기 위해 발버둥치는 그리스도인들이 얼마나 많을까? 그리스도인들은 그들의 교육과 경험과 능력과 '인적 정보망 만들기'(networking)에 의지해서 일하려고 한다. 그들은 "하나님께서 우리를 통해 일하시지만, 우리의 힘과 기술을 사용해서 일하신다"라고 믿고 있다.

큰 영적 전투가 우리 앞에 놓여 있는 상황에서 하나님께서 찾으시는 사람들은 종교적 관점에서 인정되는 자격을 갖춘 사람들이 아니다. 그분이 찾으시는 사람들은 그분께 완전히 복종하면서, 그분이 명하시는 방향으로 나아갈 마음을 갖고 있는 사람들이다. 전투는 우리의 것이 아니라 하나님의 것이다!

❝오, 우리 구주 예수 그리스도의 아버지 하나님! 제가 당신의 소원에 굴복하게 하소서. 그리하시면 제가 당신께 사용되어 당신의 뜻을 이루어드리게 될 것입니다. 저 자신을 믿는 믿음은 지극히 적지만, 당신을 믿는 믿음은 제 삶 속에서 일하시는 성령으로 인하여 무한합니다.❞

박해 중에 누리는
큰 기쁨

당신이 시간을 내어 이 책을 열심히 다 읽었으므로, 나는 당신이 마음에 감동을 받아 "나는 그리스도의 참 종이 되어, 하나님께서 내게 허락하신 상황에서 그리스도와 같은 리더십을 발휘하기 원한다"라고 말할 수 있게 되었기를 바란다.

우리에게는 어디에서 섬길지 선택할 권리가 없다. 그것은 하나님의 권리다. 우리가 그분의 목적을 위해 일하도록 그분이 우리를 창조하시고 속량하셨기 때문이다. 만일 내가 그분이 원하시는 곳에 있다면, 그분의 영광과 높아지심과 기뻐하심을 위해 일하는 데 필요한 성령의 능력과 권세가 내게 주어질 것이다.

풀무불 속의 은혜

그리스도처럼 리더십을 발휘하는 것은 쉬운 일이 아니다. 진정으로 그분처럼 사람들을 이끌어주기 위해서는 그분이 누구이신지, 또 교회를 향한 그분의 소원이 무엇인지를 반드시 알아야 한다.

요즈음 내 눈에는 예수 그리스도의 교회에서 일어나는 일들이 보인다. 그래서 하나님 앞에 무릎을 꿇지 않을 수 없다. 지금 교회는 문화에 거의 지배되고 있다. 우리의 교회 지도자들은 문화 앞에 겸허히 고개를 숙였고, 우리는 그에 대한 대가를 치르고 있다.

나는 지도자들이 오늘날 예수 그리스도의 교회에 필요한 일을 해낼 수 있는 담대함을 얻는 데 이 책이 도움을 줄 수 있기를 기도한다.

그리스도와 같은 리더십을 발휘하려면, 우리에게는 모든 것을 바치는 희생이 있어야 한다. 이 점을 아주 분명히 하기 위해서 사도 바울은 다음과 같이 말했다.

"이후로는 누구든지 나를 괴롭게 하지 말라 내가 내 몸에 예수의 흔적을 지니고 있노라"(갈 6:17).

감히 우리가 어떻게 사도 바울이 세상에 받았던 대우와 다른 대우 받기를 기대하겠는가?

신약성경에서 바울에 대한 부분을 읽어보라. 그러면 그가 그리스도를 위해 싸우기 위해 견뎌야 했던 고난과 박해를 보게 될 것이다. 우리도 그런 고난과 박해를 두려워하지 말자. 만일 우리가 문화 앞에 머리를 숙이면 그리스도에게 등을 돌리는 것이다.

구약성경에 나오는 사드락과 메삭과 아벳느고가 느부갓네살 왕에게 보인 태도는 우리의 본(本)이 되어야 한다. 국가에 머리를 숙이지 않으면 풀무불에 들어갈 것이라는 느부갓네살 왕의 협박을 들었을 때, 그들은 이렇게 대답했다.

왕이여 우리가 섬기는 하나님이 계시다면 우리를 맹렬히 타는 풀무불 가운데에서 능히 건져내시겠고 왕의 손에서도 건져내시리이다 그렇게 하지 아니하실지라도 왕이여 우리가 왕의 신들을 섬기지도 아니하고 왕이 세우신 금 신상에게 절하지도 아니할 줄을 아옵소서 단 3:17,18

오늘날에도 이 정도의 충성이 있어야 한다! 만일 우리가 하나님을 섬기고 그리스도와 같은 리더십을 발휘하게 되면, 풀무불에 직면하게 될 것이다. 그러나 그런 박해 중에도 큰 기쁨이 있을 것이다. 전례 없는 하나님의 은혜를 체험할 것이기 때문이다.

승리를 빼앗기지 말라

우리는 그리스도, 사도 바울, 디도 그리고 지금까지 있었던 모든 그리스도의 추종자들이 당했던 박해와 똑같은 박해를 당할 각오를 해야 한다. 우리가 천국을 향해 힘차게 나아가고 있을 때, 우리의 원수도 우리 승리의 행진을 저지하기 위해 자신이 할 수 있는 무슨 일이든 할 것이기 때문이다.

저 교활한 옛 마귀는 내가 천국에 가는 것을 막을 수는 없지만, 그 길에서 내 승리를 빼앗아갈 수는 있다. 그러나 만일 내가 그의 계획들을 안다면, 지금 어떤 상황에 처해 있을지라도 그리스도와 같은 리더십을 발휘하는 일을 계속 해나가게 될 것이다.

마귀가 내게서 승리를 빼앗아갈 수 있다면, 또한 그는 내가 섬기는 사람들에게서도 승리를 빼앗아갈 수 있다. 나는 나 자신을 위해 싸울 뿐만 아니라 그들을 위해서도 싸워야 한다. 내가 그리스도의 계획에 따라 그들을 섬긴다면, 그 일을 해낼 수 있는 그분의 능력과 권세가 내게 주어질 것이다.

나는 이 책을 읽는 당신이 하나님 앞에서 스스로 겸손해지고, 당신의 '이삭'(Isaac)이 무엇이든 그것을 제단 위에 올려놓고, 그리스도를 당신의 삶과 사역에서 유일한 권위자로 삼을 수 있기를 기도한다. 디도가 리더십의 모범을 보였듯이 당신도 현재의 사역에서 그리스도와 같은 리더십을 발휘하는 모범을 보일 수 있도록 기도한다.

❝ 오, 주 예수 그리스도의 아버지 하나님! 이 책을 여기까지 읽은 사람들 각자가 그들의 사역에서 매 단계마다 성령께 복종하게 되기를 기도합니다. 그들이 기꺼이 세상에 등을 돌리며, 결과에 개의치 않고 그리스도를 따르게 되도록 기도합니다. 또 기도하오니, 그들이 섬기는 사람들이 그들을 이끌어주는 사람에게서 그리스도를 볼 수 있게 하소서. 오, 성령님! 오늘 당신께 복종하는 이 사람들의 삶에서 당신

의 뜻대로 일하소서. 우리가 섬기는 예수 그리스도의 존귀

한 이름으로 기도합니다. 아멘, 아멘!"

주님을 따른다

초판 1쇄 발행	2024년 1월 23일
지은이	A. W. 토저
옮긴이	이용복
펴낸이	여진구
책임편집	이영주 박소영
편집	최현수 안수경 김도연 김아진 정아혜
책임디자인	조은혜 ㅣ 마영애 노지현 이하은
홍보 · 외서	진효지

마케팅 김상순 강성민   **마케팅지원** 최영배 정나영
제작 조영석 허병용   **경영지원** 김혜경 김경희

303비전성경암송학교 유니게 과정
이슬비전도학교 / 303비전성경암송학교 / 303비전꿈나무장학회

펴낸곳 규장

주소 06770 서울시 서초구 매헌로 16길 20(양재2동) 규장선교센터
전화 02)578-0003 팩스 02)578-7332
이메일 kyujang0691@gmail.com   홈페이지 www.kyujang.com
페이스북 facebook.com/kyujangbook   인스타그램 instagram.com/kyujang_com
카카오스토리 story.kakao.com/kyujangbook
등록일 1978.8.14. 제1-22

책값 뒤표지에 있습니다.
ISBN 979-11-6504-498-5 03230

규 ㅣ 장 ㅣ 수 ㅣ 칙

1. 기도로 기획하고 기도로 제작한다.
2. 오직 그리스도의 성품을 사모하는 독자가 원하고 필요로 하는 책만을 출판한다.
3. 한 활자 한 문장에 온 정성을 쏟는다.
4. 성실과 정확을 생명으로 삼고 일한다.
5. 긍정적이며 적극적인 신앙과 신행일치에의 안내자의 사명을 다한다.
6. 충고와 조언을 항상 감사로 경청한다.
7. 지상목표는 문서선교에 있다.

하나님을 사랑하는 자 곧 그의 뜻대로 부르심을 입은 자들에게는 모든 것이 合力하여 善을 이루느니라(롬 8:28)

규장은 문서를 통해 복음전파와 신앙교육에 주력하는 국제적 출판사들의
협의체인 복음주의출판협회(E.C.P.A:Evangelical Christian Publishers
Association)의 출판정신에 동참하는 회원(Associate Member)입니다.